现代人力资源管理模式与创新研究

张洪峰 著

延边大学出版社

图书在版编目（CIP）数据

现代人力资源管理模式与创新研究 / 张洪峰著. --
延吉：延边大学出版社，2022.7
　　ISBN 978-7-230-03544-6

Ⅰ．①现… Ⅱ．①张… Ⅲ．①人力资源管理－管理模式－研究 Ⅳ．①F243

中国版本图书馆CIP数据核字(2022)第130299号

现代人力资源管理模式与创新研究

著　　者：	张洪峰
责任编辑：	胡巍洋
封面设计：	品集图文
出版发行：	延边大学出版社
社　　址：	吉林省延吉市公园路977号　　邮　编：133002
网　　址：	http://www.ydcbs.com
E-mail：	ydcbs@ydcbs.com
电　　话：	0433-2732435　　传　真：0433-2732434
发行电话：	0433-2733056　　传　真：0433-2732442
印　　刷：	北京宝莲鸿图科技有限公司
开　　本：	787 mm×1092 mm　1/16
印　　张：	10.25　　字　数：205千字
版　　次：	2022年7月　第1版
印　　次：	2022年9月　第1次印刷

ISBN 978-7-230-03544-6

定　　价：68.00元

前　言

　　在企业工作当中,人力资源管理是很重要的一部分。其具体工作包含了人力资源的整体规划,员工的招收与岗位分配,劳动关系管理、员工的薪酬、福利与绩效管理员工,培训与人才市场开发等环节。但在传统的人事管理思想下,这些内容混杂在了一起,整合为行政管理和事务管理两个分支,不利于精细化管理。而在现代人力资源管理体系中,包含了原有的管理内容,最为显著的一个转变是其已成为企业战略管理体系的核心构成部分。为此,应当从战略的高度来看待人力资源管理,以促进企业更好更快发展。

　　现代人力资源管理奉行"以人为本"的理念,树立人才资源是生产力第一资源的理念,资本、技术、信息、知识及各种生产要素都要通过人的配置实行优化组合,产生乘数效应。建立科学先进的人力资源管理开发机制,尊重人、理解人、培育人,真正把员工当作企业的主人,充分发挥员工的积极性和创造力,在企业可持续发展中发挥重要作用。从战略高度出发,培养知识型员工对实现企业的可持续发展意义重大。企业要把培养知识型员工作为现代人力资源管理开发的基本任务,落实各项培训措施,提高员工的综合素质,从而促进企业的可持续发展。

目 录

第一章 现代人力资源管理的基本理论 … 1
- 第一节 人力资源概述 … 1
- 第二节 人力资源管理概述 … 6
- 第三节 人力资源管理发展的新趋势 … 10
- 第四节 人力资源管理面临的挑战与解决措施 … 16

第二章 人力资源管理系统的设计与构建 … 21
- 第一节 人力资源管理系统设计的依据 … 21
- 第二节 人力资源管理系统构建的基点 … 25
- 第三节 构建人力资源管理信息系统的方法 … 34
- 第四节 构建人力资源管理信息系统的意义 … 40

第三章 组织与现代人力资源管理 … 43
- 第一节 非营利组织的人力资源管理 … 43
- 第二节 公共组织的人力资源管理 … 47
- 第三节 学习型组织的人力资源管理 … 50
- 第四节 非政府组织的人力资源管理 … 53
- 第五节 公益组织的人力资源管理 … 59

第四章 绩效管理 … 63
- 第一节 绩效管理概述 … 63
- 第二节 绩效管理的变革与创新 … 71
- 第三节 知识团队绩效管理 … 75

第五章 薪酬管理 … 80
- 第一节 薪酬管理概述 … 80
- 第二节 薪酬管理制度的设计 … 87
- 第三节 我国企业薪酬管理存在的问题及创新路径分析 … 96

第六章 大数据背景下的人力资源管理 … 99
- 第一节 大数据背景下的人力资源管理：变革与挑战 … 99
- 第二节 大数据背景下的人力资源管理转型发展 … 108

第三节　大数据背景下人力资源管理者的角色转变……………………111
　　第四节　大数据背景下的国有企业人力资源管理…………………………114

第七章　创新视角下的人力资源管理……………………………………………**119**
　　第一节　人力资源管理的创新管理理念……………………………………119
　　第二节　新经济时代背景下的人力资源管理创新…………………………122
　　第三节　互联网时代下的人力资源管理创新………………………………125
　　第四节　新常态背景下人力资源管理创新的意义…………………………128
　　第五节　胜任力分析与人力资源管理创新…………………………………131

第八章　基于公司战略导向的人力资源管理构建体系实践探索——以 H 公司为例……**135**
　　第一节　H 公司人力资源管理现状及问题分析……………………………135
　　第二节　基于 H 公司战略导向的人力资源管理体系构建…………………140
　　第三节　H 公司战略导向的人力资源管理体系的实施与保障……………152

参考文献………………………………………………………………………………**155**

第一章 现代人力资源管理的基本理论

第一节 人力资源概述

一、人力资源的概念

"资源"是一个经济学术语,《辞海》中对其的解释为"生产资料或生活资料等的来源",在经济学上,资源是为了创造财富而投入生产活动中的一切要素。人力资源是一种特殊资源,它的含义有广义与狭义之分。广义的人力资源指在一个国家或地区中,处于劳动年龄、未到劳动年龄和超过劳动年龄但具有劳动能力的人口的总和。而对狭义的人力资源,学术界至今还存在不同的看法和认识。雷西斯·列科认为,人力资源是企业人力结构的产生和顾客商誉的价值。伊万·伯格认为,人力资源是人类可用于生产产品或提供各种服务的活动、技能和知识。内贝尔·埃利斯认为,人力资源是企业内部成员及外部的与企业相关的人,即总经理、雇员、合作伙伴和顾客等可提供潜在合作与服务及有利于企业经营活动的人力的总和。国内学者郑绍濂则主要从整个社会经济发展的宏观角度来对人力资源进行界定,认为人力资源是能够推动整个经济和社会发展的具有智力劳动能力和体力劳动能力的人的综合,它应包括数量和质量两个方面。郑绍濂的观点在国内的宏观人力资源问题研究中具有一定的代表性。

综上所述,人力资源是指一个国家或地区中的人所具有的对价值创造有贡献并且能够被组织利用的体力和脑力劳动的总和。

二、人力资源的特征

当代经济学家把资源分为四类，即自然资源、资本资源、信息资源和人力资源。人力资源是四类资源中最重要的资源，是生产活动中最活跃的因素，被经济学家称为"第一资源"。与其他资源相比，人力资源具有如下主要特征：

（一）时效性

所谓时效性，是指同一件事物在不同的时间具有很大的性质上的差异。在自然界中有些物质，如各种矿产资源不具有时效性而有"常效性"，无论经历多长时间大都保持着自身效用。而有些物质资源则有时效性，超过其生命过程的一定阶段就会失去效用，一旦错过了它的时效性，往往就无法补救，除非开始另外一个生命过程或者生命周期。

人在生命过程的不同阶段有着不同的生理和心理特点，人力资源的生成和发挥作用也各有不同的最佳时期。作为人力资源重要组成部分的知识和技术是人们实践经验的产物，具有一定的时效性，在一定的时间内运用这些知识和技术，就能发挥它的最佳效用。如果闲置不用，超过一定的时限，这些知识和技术就可能陈旧、老化、过时，失去其应有的效用（如专利技术）。特别是现代科学技术日新月异，使知识更新周期大大缩短，这就要求人们更加注意人力资源的时效性。

（二）社会性

人力资源的社会性决定了在使用人力资源的过程中需要考虑工作环境、工伤风险、时间弹性等非经济和非货币因素。自然资源只有自然性，而人力资源除具有自然性之外，更重要的是它还具有社会性。这是人力资源区于自然资源的根本特性。人力资源的社会性主要表现在以下方面：

第一，人力资源只有在一定的社会环境和社会实践中才能形成、发展和产生作用。人具有社会性，离开社会群体而完全孤立的个体的人是不可能存在的，同样，作为人力资源的人的劳动能力，是在劳动过程中才得以形成和提高的能力。

第二，人力资源的开发、配置、使用和管理是人类的有意识的自觉活动。劳动是人运用脑力和体力生产使用价值的过程，也可以说是人力资源的开发、配置、使用和管理的过程。人类的有意识的自觉活动不但表现为对自然资源的开发利用是经过思考的，有计划、有目的的，而且随着社会生产力的发展而发展，还表现为对人类自身蕴藏的资源的开发、配置、使用和管理，这也是经过思考的，有计划、有目的的，也是有意识的。而意识的本质则是人脑对客观存在的主观映像，是在人与人相互交往中才得以产生和发展的。

（三）连续性

人力资源不仅存在时效性，同时还有连续性，两者是密切联系的。首先，人力资源的连续性表现为知识的不断积累。虽然许多人原本掌握的知识会随着社会和技术的发展而被淘汰，但新的科学技术的出现及个人能力的提高均是建立在旧知识的积累之上的，没有旧知识的积累，整个人类社会就无法获得真正的发展。每个人均需不断学习，紧跟时代变化，才能提升自身的素质和能力。其次，从体力和脑力（人力资源的内容）的发展过程来看，其既有阶段性，又有连续性。许多知识和技术特别是应用性的知识和技术只有阶段性的时效，超出一定阶段就会老化，但各学科和各阶层的知识和技术又是互相联系的，在它们之间总存在着某些共同的基础性的东西。正因为各个学科之间存在相互联系，才使得人力资源管理更好地发展。从人的生理和心理（人力资源的载体）的发展过程来看，人力资源时效的最高峰是青壮年时期，但也应该看到，许多人少年得志，由于不断学习，注重不断开发自身潜能，因此人力资源时效在其高峰期以后还可延续相当长的时间，甚至出现第二个高峰期，如居里夫人、齐白石等。因此，在人力资源管理过程中，每一个组织都要注重挖掘成员的潜能并对其进行持续开发，对于每一个人而言，即一定要遵循"活到老，学到老"的原则。

（四）可再生性

自然资源和物质资源一旦耗尽，就不可能再生，但人力资源以人为天然的载体，是一种"活"的资源，并与人的自然生理特征相联系，因此是可再生的。人力资源的可再生性是指人口的再生产和劳动力的再生产，社会通过人口总体和劳动力总体内各个体不断更换、更新和恢复的过程，实现人口的再生产和劳动力的再生产。"长江后浪推前浪，一代更比一代强"正说明了此道理，任何社会都不会因为某一个人的离开而停滞不前。

（五）主导性和能动性

组织作为一个由人、财、物构成的有机系统，其第一资源都是人。只有人合理地支配其他资源，才能使组织科学合理地存在和发展。人类不同于自然界其他生物，人类活动在于其具有目的性、主观能动性和社会意识。人类不仅能适应环境，而且能积极地改造环境；不仅能适应历史，而且能创造历史。人类的这种能力使其同动物彻底地区别开来。人力资源的能动性主要表现在：知识和技术的创新、功利化的投向和自我强化。人类的自我调控功能使其在从事经济活动时，总是处在操纵、控制其他资源的位置上。人类能根据外部的可能性、自身的条件和愿望，有目的地确定经济活动的方向，并根据这一方向具体地选择、运用外部资源或主动适应外部资源。

（六）有限性和无限性

任何一种自然资源都是有限的存在，都只能有限地满足人的需要，某些自然资源一旦消耗殆尽，就可能永远枯竭。当然，如果某种资源枯竭了，人类就会开发新的资源。但这是就人们认识和开发自然资源的能力来说的，而不是自然资源本身。人力资源就其具体形式，即具体表现在某个人、某群人或者某一代人来说，也同自然资源一样是有限的，但有限之中包含着无限，因此人力资源是有限和无限的统一。作为人力资源物质载体的人，既是自然的人又是社会的人。人的生理条件和社会环境既为人发展体力和脑力提供了有利条件，又是一种制约因素。任何人都只能在自身的生理条件和社会环境所许可的范围内运用自身的体力和脑力资源，任何个体和群体的体力和脑力都是有限的，它们的开发和使用是有条件的。对个体而言，每个人的生命过程都是有限的，但在生命完结之时，人力资源，特别是智力资源的开发和使用是不会停止的。从人类延续的过程来看，每一代人所拥有的智力资源都是有限的，但人类一代又一代的延续过程是无限的，而每一代人都把他们的知识和技术以及其他认识成果传输给下一代，世世代代地传承，形成一条奔流不息的知识长河。

三、与人力资源相关的概念

（一）人才资源

人才资源是指一个国家或地区中具有较多科学知识、较强劳动技能，在价值创造过程中起关键或重要作用的那部分人的总称，主要用来指代人力资源中比较杰出的那一部分。人才资源是人力资源的一部分，是人力资源中比较优质的那部分资源，人才资源与人力资源之间的区别主要是由质量决定的。我们知道，人力资源是具有智力劳动能力或体力劳动能力的人的总和，而人才资源主要是用来形容人力资源中各项能力处于高水平的那一部分人。

（二）劳动力资源

劳动力资源是指一个国家或地区在一定的时期内拥有的劳动力的数量和质量的总和。判断一个国家劳动力资源的多少，不仅要看其总的数量，更要看其质量，尤其是劳动者的生产技术水平、文化科学水平和健康水平。与人力资源相比，劳动力资源是相对较小的一部分，这是因为人力资源中还包括一些暂时未成为劳动力，但以后能够成为劳动力的人口。

（三）人口资源

人口资源是指一个国家或地区所拥有的人口的总量，它是一切人力资源、人才资源产生的基础，是人力资源和人才资源存在的依据，它主要表现为人口的数量，也重在数量。人力资源是人口资源的一部分，二者之间的区别主要是由划分标准不同而产生的。人口资源重在数量，而人力资源重在质量。

第二节 人力资源管理概述

人力资源管理从传统的劳动人事管理发展而来，要想了解人力资源管理就需要先了解传统的劳动人事管理和现代人力资源管理的不同之处。

面对汹涌而来的经济全球化浪潮，如何有效提升大中型国有企业的竞争力，是我国加入世界贸易组织后亟待解决的大问题。美国人力资源管理学者指出，企业慎重地使用人力资源，可以帮助企业获取和维持其竞争优势，人力资源管理是经营上所采用的一个计划和方法，并通过员工的有效活动来实现企业的目标。毫无疑问，科学的人力资源开发和管理是保持企业旺盛生命力的关键。人力资源管理是管理学中一个重要的领域，研究如何生产、开发、配置和利用人力资源，是一个企业为实现企业目标、提高效率，运用心理学、社会学、管理学和人类学等相关科学知识和原理，对企业中的员工进行选拔、培训、考核等的计划、组织、控制和协调的活动过程。现代人力资源管理是以传统的劳动人事管理为基础发展起来的，但二者有诸多不同之处。

现代人力资源管理取代计划经济模式下的劳动人事管理，不是简单的名词置换，而是从思想理论到方法运用的根本转变。

从对人的认识来看，传统的劳动人事管理将人视为成本，视为生产过程中的支出和消耗，同物质资源一样，生产过程中应尽量降低人力成本，以提高产出率。现代人力资源管理则认为人是一种特殊的资本性资源。各个国家、组织和个人都在此资本性资源上大做文章，纷纷通过教育培训对人力资本进行投资，以期获得高额回报。同样，对于微观层次的人力资源管理，许多企业也不再一味削减有关部门员工的开支，而是每年都要从总利润中拨出大量的资金用于员工培训。这些企业看重的是人力资源蕴藏的巨大潜能，而这种潜能使人力资本投资收益率高于其他资本的投资收益率。

从被企业重视的程度来看，传统的劳动人事管理在企业中被当作事务性的管理，与企业的规划决策毫不沾边，劳动人事管理人员的工作范围仅限于管理工资档案、人员调动等执行性工作。在现代企业中，人力资源被视为比其他资源更为宝贵的资源，人力资源管理被提升到战略决策的高度，人力资源规划成为企业的战略性规划，人力资源管理部门从无到有，现在的地位已上升到企业的决策层的高度，人力资源的管理人员在企业中的地位也得到了大幅度的提高。

从管理方法来看，传统的劳动人事管理是被动、静态、孤立的管理。在这种观念下，大部分员工从开始工作起，便被分配到某个岗位，直至退休。员工进来不容易，想出去也比较难。有关部门人事管理中招聘、录用、工资管理、奖惩、退休等环节的工作被人为地分开，由各部门孤立地进行管理，各单位、各部门只重视本单位、本部门拥有的人力资源，而不重视是否有效利用了这些资源，更谈不上对人力资源的开发，因此人力资源的浪费、闲置现象极为严重。这种静态、孤立、被动的人事管理阻碍了人力资源的流动、开发和合理有效的利用，违背了通过市场对资源实现合理配置的市场经济法则。现代人力资源管理建立在市场经济基础之上，按照市场经济法则，对员工的招聘录用、绩效考评和培训发展等进行全过程、主动、动态的管理，其各个环节紧密结合，主动地对人力资源的各个方面进行开发利用。人力资源各个时期的管理规划、培训开发总是与企业各个阶段的人力资源状况和目标紧密相连。人才市场体系的建立，使得人力资源流动渠道更加畅通，员工进出变得容易，企业能始终保持活力。

从基本职能来看，传统的劳动人事管理是行政事务性的管理，强调具体操作，如人员招聘录用、档案管理、人员调动、工资奖金发放等。现代人力资源管理在传统劳动人事管理的基础上增加了人力资源规划、人力资源开发、岗位与设计行为管理、员工终身教育培训等内容，使现代人力资源的管理更具计划性、战略性、整体性和未来性。这是现代人力资源管理的精髓，也是现代人力资源管理与传统的劳动人事管理的最大区别。

一、人力资源管理的内容

人力资源管理服务于企业的总体战略目标，是一系列管理环节的综合。人力资源管理的主要内容包括以下几个方面：

1.人力资源的战略规划

企业为适应内外环境的变化，依据企业总体发展战略并充分考虑员工的期望而制定的企业人力资源开发与管理的纲领性长远规划被称为"人力资源战略规划"。它是企业人力资源开发与管理的重要指南，是企业发展战略的重要组成部分，也是企业发展战略实施的有效保障。一个企业为了实现自身的发展目标,在特定的地点和时间,必须有能够胜任特定工作的员工。聘用此类员工要经过人力资源规划、招聘和选择三个程序。

人力资源规划是企业系统地检查人力资源需求的过程,以确保在需要的时候能够聘到满足技术要求的员工。招聘是吸引足够数量的个体并且鼓励他们到企业中工作的过程。选择是企业从一组申请人中录取那些适合企业自身及其招聘岗位的个人的过程。

2.人力资源管理的基础工作

岗位分析与岗位评价是企业人力资源管理的基础工作。岗位分析就是对企业所有工作岗位的特征和任职要求进行界定和说明,岗位分析的结果是形成每一个工作岗位的职位描述、任职资格要求、岗位业务规范。岗位评价是对企业各工作岗位的相对价值进行评估和判断,岗位评价的结果是形成企业不同工作岗位的工资体系。岗位分析和岗位评价就如同一款产品的说明书和标价,使员工"明明白白工作,清清楚楚拿钱"。

3.人力资源管理的核心工作

人力资源管理的核心工作包括招聘培训、绩效考核和薪酬管理。招聘是人力资源管理核心工作的首要环节,它是企业不断从外部吸纳人力资源的过程,它能满足企业对人力资源的需求。培训是企业开发人力资源的重要手段,包括对员工的知识、技能、心理素质等各方面的培训,是企业提升员工素质的重要保障。绩效考核是指运用科学的方法和标准对员工完成工作的数量、质量、效率及员工行为模式等方面的综合评价,从而进行相应的薪酬激励、人事晋升激励或者岗位调整,绩效考核是实施员工激励的重要基础。薪酬管理是企业人力资源管理的一个极为重要的方面,它主要包括薪酬制度与结构的设计、员工薪酬的计算与水平的调整、薪酬支付等内容,是企业对员工实施物质激励的重要手段。

4.人力资源管理的其他工作

企业人力资源管理还包括一些其他日常事务性工作,如人事统计、员工健康与安全管理、人事考勤、人事档案管理、员工合同管理等。围绕人力资源所开展的管理活动的功用被称为人力资源管理的功能。人力资源管理的功能主要体现在四个方面,即选人、用人、育人、留人。

"选人"即吸引人才,是指为实现企业发展目标而寻找与开辟人力资源渠道,通过对人员的招聘和选拔,吸引优秀的人才进入企业,为企业甄选出合适的人员并配置到相应的岗位上。"选人"是人力资源管理工作的先导,它为人力资源管理其他功能的实现提供了条件。

"用人"即激励人才,是人力资源管理的核心。"用人"是引导与改变员工的态度、行为,使其做好本职工作,最大限度地利用已有人力资源,为企业创造更大的价值。

"育人"即人力资源的开发功能,是人力资源管理的手段和动力。通过培训激发员工的工作兴趣,提高员工的素质,使员工更好地规划职业生涯,帮助员工成长。只有让员工掌握了相应的工作技能,才能为激励功能的实现提供客观条件,否则会导致员工"心有余而力不足"。

"留人"是保障,是指使现有员工满意并愿意安心在本企业工作。对于企业来说,保留一支优秀的员工队伍非常重要。对于员工来说,好领导、好的工作氛围与工作条件是决定自己去留的重要因素。因此,企业要采取各种有效的方法留住人才,尤其是要留住重要技术岗位与管理岗位的人才。

二、人力资源管理的特征

人力资源管理,顾名思义,就是对人力资源的管理,是组织为了更好地实现目标所进行的以人为核心的选拔、使用、培养、激励等活动,通常分为人力资源开发和人力资源管理两个方面。具体工作内容主要包括:人力资源规划、职位分析、绩效管理、薪酬管理、员工招聘、员工培训、劳动关系管理、员工心理援助等。与物质性资源管理不同,人力资源管理具有以下特征。

1.从学科的角度讲,人力资源管理具有明显的综合性

信息管理、财务管理涉及的往往是本学科体系的知识,而人力资源管理则涉及经济学、社会学、心理学、人才学、管理学等多学科的内容,需要借助这些学科的基本理论和相关成果来发展自身。

2.人力资源管理具有复杂性

人力资源管理主要体现在人与人之间的交往上。管理对象的主观能动性以及人与人之间情感、利益关系的复杂性,使得人力资源管理呈现出复杂性。在人力资源管理活动中往往要求管理者不能简单地站在组织一方的角度思考问题,还要站在管理对象的角度思考问题,注意听取管理对象的意见,强化与管理对象的互动,综合处理人力资源管理问题。

3.人力资源管理具有文化性

不同的文化追求会导致人力资源管理方式方法的差异。无论是宏观角度还是微观角度的人力资源管理，都具有特定的文化取向和人才观念。

比如，一些企业特别强调企业的和谐氛围，一些企业特别强调人的能力素质，一些企业特别注重分配的公平性，一些企业则特别注重分配的激励性，这些不同的价值观的背后是这个企业文化特征的差异。因此，不同文化特征的企业，在人力资源管理理念、制度构建和操作上也会表现出一定的差异性。

4.人力资源管理具有发展性

从传统的人事管理发展到以战略为核心的现代人力资源管理，管理的理念和方法在不断变革。员工在组织中的地位越来越得到肯定，有效管理员工、充分发挥员工的积极性的方式方法也在不断变化发展。如就如何评价员工而言，随着人才测评技术的不断发展，逐步发展出了人才测评的新方法、新技术。因此，需要人力资源管理人员不断学习，提升自己的专业技能水平。

第三节 人力资源管理发展的新趋势

21世纪，人类进入了一个以知识为主宰的全新经济时代。在这样一个快速变化的时代，独特的人力资源与知识资本成为企业的核心技能，人力资源的价值成为衡量企业整体竞争力的标志。同时，人力资源管理经历着前所未有的来自如信息网络的力量、知识与创新的力量、顾客的力量、投资者的力量、企业的变革力量等各种力量的挑战和冲击。21世纪的人力资源管理既有工业文明时代的深刻烙印，又反映着新经济时代的基本要求，从而呈现出新的特点。

一、人才主权，赢家通吃

所谓人才主权是指人才具有更多的就业选择权与工作中的自主决定权，人才不是被动地适应企业或工作的要求。企业要尊重人才的选择权和工作的自主权，并站在人才内在需求的角度，为人才提供人力资源的产品与服务，并以此赢得人才对企业的忠诚。人才不是简单地通过劳动获得工资，而是要与资本所有者共享价值创造的成果。所谓的"人才主权，赢家通吃"，包括两个方面的含义：一是越高素质、越稀缺、越热门的人才，越容易获得选择工作的机会，其报酬也越高；二是人才资源优势越大的企业越具有市场竞争力，也就越容易吸纳和留住一流人才。

二、员工是客户

21世纪的人力资源管理者扮演着"工程师＋销售员＋客户经理"的角色。一方面，人力资源管理者要具有专业的知识与技能，另一方面，人力资源管理者要具有向高层管理人员及员工推销人力资源产品与服务方案的技能。人力资源经理也是"客户经理"，所谓"客户经理"，就是要为企业各层级提供一揽子的人力资源管理系统方案。企业向员工所提供的产品与服务主要包括以下几个方面：

1.共同愿景

通过提供共同愿景，将企业的目标与员工的期望结合在一起，满足员工的事业发展期望。

2.价值分享

通过提供富有竞争力的薪酬体系及价值分享系统来满足员工的多元化需求，包括企业内部信息、知识经验的分享。

3.人力资本增值服务

通过提供持续的人力资源开发、培训，提升员工的人力资本价值。

4.授权赋能

让员工参与管理，授权员工自主工作，并承担更多的责任。

5.支持与援助

通过建立支持与援助工作系统，为员工完成个人与企业发展目标提供条件。

三、人力资源管理的重心——知识型员工

人力资源管理的重心是开发与管理知识型员工，关注知识型员工的特点，对知识型员工要采取不同的管理策略。

知识型员工拥有知识资本，因而在企业中有很强的独立性和自主性，这就必然会带来新的管理问题：

（1）授权赋能与人才风险管理。一方面要授权给员工，给员工一定的工作自主权；另一方面又要防范授权所带来的风险。一个人才可能带给企业巨大的价值，也可能会导致整个企业的衰败。人才的风险管理是人力资源管理的一个新课题。

（2）企业价值要与员工成就意愿相协调。知识型员工具有很强的成就欲望与专业兴趣，如何确保员工的成就欲望、专业兴趣与企业的目标一致是一个新课题。例如，研发人员要面向市场，把注意力集中在为企业开发满足市场需求的产品上，而不仅仅是获得业界的支持。

（3）工作模式改变，如线上工作团队。知识型工作往往需要团队与项目合作，其工作模式是跨专业、跨职能、跨部门的，有时没有固定的工作场所，而是通过信息、网络组成线上工作团队或项目团队，这种工作模式与工业文明时期严格的等级秩序、细密的分工条件下的工作模式完全不一样。如何进行知识型工作的设计，也是 21 世纪人力资源管理的新课题。

知识型员工具有较高的流动意愿，一般不希望终身在一个企业中工作，由追求终身就业饭碗，转向追求终身就业能力。因此，对知识型员工的管理要注意以下几点：

（1）员工忠诚具有新的内涵。流动是必然的，关键在于如何建立企业与员工之间的忠诚关系。

（2）由于流动的加速，企业人力投资风险由谁承担成为企业必须回答的问题。

（3）流动过频、集体跳槽会给企业管理带来危机。

知识型员工的工作过程难以直接监控，工作成果难以用具体事物来衡量，这使得价值评价体系的建立变得复杂而不确定。因此，对知识型员工的管理主要包括：

（1）个体劳动成果与团队成果如何确定。

（2）报酬与绩效的相关性。知识型员工更加关注个人的贡献与报酬之间的相关性，这就要求企业建立公正、客观的绩效考核体系。

（3）工作定位与角色定位。在知识创新型企业中，每个人在企业中的位置不再是按照工业文明时代企业严格的等级秩序和细致的分工体系精确定位，而是按照现代管理制度进行模糊定位。

在知识创新型企业中，传统的工作说明书变得越来越没有用处，取而代之的是角色说明书，即对人力资源进行分层、分类的管理，在不同层次、不同类别下确定员工的任职资格、行为标准和工作规范。传统的工作说明书已经不能清楚地确定一个人在企业中的定位，解决不了在知识创新型企业中需要跨越部门、跨越职能的团队合作问题。

知识型员工的能力与贡献差异大，出现混合交替式的需求模式，需求要素及需求结构也有了新的变化。对于知识型员工来说，报酬不再是一种生理层面的需求，其本身也是个人价值与社会身份和地位的象征。从某种意义上说，报酬成为一种成就欲望层次上的需求。知识型员工的内在需求模式是混合交替式的，这使得报酬设计更为复杂。知识型员工不仅需要获得劳动收入，而且要获得人力资本的资本收入，即需要分享企业价值创造的成果。知识型员工出现了新的内在需求，这些需求是传统的需求模型难以概括的，如利润与信息分享需求、终身就业能力提高的需求、工作变换与流动增值的需求、个人成长与发展的需求等。

领导界限模糊化，其主要包括：

（1）知识创新型企业中，领导与被领导的界限变得模糊，知识正替代权威成为企业的主导因素。一个人对企业的价值不再仅仅取决于其在管理职务上的高低，而是取决于其拥有的知识和信息量。领导与被领导之间的关系是以信任、沟通、承诺、学习为基本互动方式的。

（2）知识型员工的特点要求领导方式进行根本性的转变。

（3）要建立知识工作系统和创新授权机制。

四、人力资源管理的核心——人力资源价值链管理

价值创造就是在理念上要肯定知识创新者和企业家在企业价值创造中的主导作用，企业中人力资源管理的重心要遵循"二八规律"，即要关注那些能够为企业创造巨大价值的人，他们创造了80%的价值，而他们的数量在企业中却仅占20%，同时他们还能

带动企业其他 80%的人。注重形成企业的核心层、中坚层、骨干层，同时实现企业人力资源的分层、分类管理。

价值评价问题是人力资源管理的核心问题，其内容是指通过确定价值评价体系及评价机制，使人才的贡献得到承认，使真正优秀的为企业所需要的人才脱颖而出，使企业形成凭能力和业绩吃饭，而不是凭政治技巧吃饭的人力资源管理机制。

要通过建立价值分配体系满足员工的需求，从而有效地激励员工，这就需要企业提供多元的价值分配形式，包括职权、机会、工资奖金、福利股权的分配等。企业应注重评价员工的潜能，向员工提供面向未来的人力资源开发内容，提高其终身就业能力。

五、企业与员工关系的新模式

21世纪，企业与员工之间的关系需要靠新的规则来确定，这种新的规则就是劳动契约与心理契约。一方面要依据市场法则确定员工与企业双方的权利、义务、利益关系；另一方面又要求企业与员工一道建立共同愿景，在实现共同愿景的基础上就"核心价值观"达成共识，培养员工的职业道德，实现员工的自我发展与管理。

六、人力资源管理在企业中的战略地位上升，管理责任下移

人力资源真正成为企业的战略性资源，人力资源管理要为企业战略目标的实现承担责任。人力资源管理在企业中的战略地位上升，并在企业中得到保证，如很多企业成立人力资源委员会，使高层管理者关注并参与企业人力资源管理活动。人力资源管理由行政权力型转向服务支持型。人力资源职能部门的权力淡化，直线经理的人力资源管理责任增加，员工自主管理的权利增加。

七、人力资源管理的全球化与信息化

人力资源管理的全球化是由企业的全球化所决定的。企业的全球化必然要求人力资源管理策略的全球化，尤其是我国加入世界贸易组织以后，所面对的是人才流动的国际

化。国际化的人才交流市场与人才交流形式已经出现,并将成为一种主要形式,人才的价值不仅仅是在一个区域市场内体现,更多的是要按照国际市场的要求来看待人才的价值。因此,跨文化的人力资源管理成为重要内容。

八、人才流动速度加快,流动交易成本与流动风险增加

人才流向高风险、高回报的知识创新型企业,以信息网络为工具的线上工作形式呈现出不断增长的趋势。员工由追求终身就业饭碗转向追求终身就业能力的提高。通过流动实现增值成为人才流动的内在动力,集体跳槽与集体应聘成为人才流动的新现象,因此企业需要强化人才流失的风险管理。

九、沟通共识

"信任、承诺,尊重、自主,服务、支持,创新、学习,合作、支援,授权、赋能"将成为人力资源管理的新准则。21世纪,企业与员工之间、管理者与被管理者之间、同事之间将按新的规则处理各种关系,即如何在沟通基础上达成共识,如何在信任基础上获得承诺,尊重员工的个性,如何在自主的基础上达到有效的管理,尤其是如何为创新型团队提供一种支持和服务,使企业形成一种创新机制,如何使企业变成一个学习型的企业,如何进行团队合作和授权赋能。

十、人力资源管理的核心任务是形成智力资本优势

人力资源管理的核心任务是通过人力资源的有效开发与管理,提升客户满意度。企业的人力资源管理要将经营客户与经营人才结合在一起,要致力于深化两种关系:维持、深化、发展与客户的关系,提升客户满意度,以赢得客户的终身价值;维持、深化、发展与员工的战略合作伙伴关系,提升人力资本价值。

第四节 人力资源管理面临的挑战与解决措施

一、人力资源管理面临的挑战

在讨论管理员工及其工作时，德鲁克引入了"人力资源"这个概念。他指出，人力资源和其他资源唯一的区别就是人具有主观能动性，并且是管理人员必须考虑的具有"特殊资产"的资源。德鲁克认为，人力资源拥有当前其他资源所没有的素质，即协调能力、融合能力、判断能力。

由于科技的发展，人的作用曾经被忽略，但是在 21 世纪的知识经济中，企业必须依赖其管理人员与技术人员的创造性与主动性来赢得竞争优势，这样就不可能低估人的作用。于是，人本主义管理上升为管理的主流，其管理价值观是把人当作企业的主体，确立人在企业中的主导地位，企业的一切管理活动主要围绕调动员工的积极性、主动性和创造性来开展。传统企业的经济目标是追求利润最大化，而现代企业的终极目标是追求经济效益与社会效益。

在 21 世纪，无论是企业内部的直线经理、高层管理人员，还是企业外部的客户，都对人力资源管理提出了新的要求，人力资源管理面临着越来越大的挑战。

（一）新技术的挑战

新技术的挑战主要指计算机技术与网络技术的进步给人力资源管理所带来的挑战。新技术使企业能够获得信息激增带来的优势，但同时也使企业的工作岗位发生了变化，要求综合性技巧的工作岗位增加了。员工从纯技能型的"体力劳动者"转变成了多技能型的"知识工人"。在很多情形下，员工需要重新培训，扮演新的角色，承担新的责任。同时，企业应要求人力资源部建立人力资源信息系统。人力资源信息系统不仅提供现时和准确的数据，更重要的是能促进实现沟通和决策的目的。其应用范围已扩展到诸如编制报告、预测人力资源需求战略计划、职业生涯和晋升计划，以及评估人力资源策略及实践等领域。

（二）管理变化的挑战

为了适应环境，企业的管理要发生一系列的变化。可是，有些变化是反应性的，即企业的绩效受到外部因素的影响，有些变化必须主动接受，由管理者主动做出改变。

管理失败的主要原因如下：

（1）企业缺乏紧迫感；

（2）企业没有设立强有力的联盟去指导这种努力；

（3）企业领导者缺乏先见之明；

（4）企业领导者缺乏沟通的技巧；

（5）企业领导没有消除变化的心理障碍；

（6）企业没有系统化的计划；

（7）企业文化没有跟上变化。

因此，为了管理变化，所有管理者，尤其是人力资源经理，要积极与员工沟通，倾听员工的意见，放眼未来，引导员工改变自己以适应管理的变化。

（三）开发人力资源的挑战

人力资源管理的核心是把人当成一种"活的资源"来加以开发与利用。因此，企业的成功越来越取决于该企业管理人力资源的能力。人力资源对一个企业来说是具有经济价值的个人的知识、技巧和能力的总和。尽管并没有在企业的资产负债表上反映出来，但对一个企业的绩效而言，人力资源却是十分重要的因素。由于人力资源是无形的、无从捉摸的，为员工个人所有，而不是企业所有，因此如何管理和开发人力资源对人力资源管理者来说是极大的挑战。

1. 必须重视发展战略

开发人力资源时，管理者必须重视发展战略，以确保员工拥有知识、技能和经验的优势。比如，人员配置必须是优化组合，保证员工在工作岗位上有发展的机会，因为高价值智能的形成是从经验中学到的，而不是轻易教出来的。

2. 设法利用现有的知识

知识管理的价值来自运用，而不是储藏。但在实际中，员工往往学非所用。因此，越来越多的企业根据员工的知识和技巧来付薪酬。如何共享知识，使其产生更多的价值，是人力资源管理的重要任务。

（四）成本抑制的挑战

全面质量管理与业务流程再造对于提高企业竞争力是非常重要的，其关键的问题仍然是人力资源的激励与沟通问题。然而，对于现代企业，特别是服务和知识密集型企业来说，试着降低成本，尤其是劳动力成本，包括裁员、外包，员工租赁以及提高生产率，这些都直接影响着人力资源策略的制定和实施。

（五）全球化的挑战

世界经济全球化的趋势使得越来越多的企业跨国经营。在美国，超过一半的企业受到国际竞争的影响。我国加入世界贸易组织后，我国企业面临的挑战更加严峻，而外国企业人才本地化与在国外的中国企业人才属地化的问题就是突出的人力资源管理问题。如何挑选去海外生活和工作的能干的经理？如何设计增强项目经理对外国文化和工作的了解的课程？如何调整薪酬计划以保证支付构成是公平的，而且与不同地区的不同生活水平相适应？这些都是经济全球化对人力资源管理提出的挑战。

二、人力资源管理相关问题的解决措施

（一）建设良好的企业文化

如今，企业已经不仅仅是一个工作的场所，而是一个文化体系。在人们的生活中，企业文化对于企业和员工都有着越来越重要的作用。员工如果能够在一个非常优良的文化氛围中工作，对于其自身的发展与企业的壮大都有很大的促进作用。在做好这项工作时，企业务必要做到融合中西文化，突出时代特色。

（二）确立"人本管理"的价值取向

市场经济是一种效能经济，谁的效率高、能力强，谁就会在竞争中占优势，赢得高附加价值、低成本的回报。因此，企业人力资源管理的核心价值取向也必须由权本位、亲情本位向效率本位、能力本位转变。企业领导必须带头转变观念，树立"以人为本，

效能优先"的管理观念，把人用好、用活，用到最适宜发挥作用的地方，并制定与之相适应的制度，尤其是公平、公正的员工评价、激励和约束制度，真正做到"能者上，庸者下"，调动员工的积极性，发挥员工的创造潜能，把人力资源当作企业发展的第一资源，把人力资源配置当作最重要的资源配置，盘活人力资源，优化结构，合理配置，发挥个人、团队、企业的效能。

（三）把人力资源当作企业的重要资源

人力资源管理包括人力资源的开发。人力资源的开发是提高员工技能和经营管理水平，并改变他们的价值观的过程。人力资源开发也是劳动者的内在需求。因此，作为企业最能动、最活跃的资源——人力资源，其管理和开发系统必须是一个开放的、动态的系统。

1.人力资源优化配置是一个系统工程

人力资源优化配置是一个系统工程，它至少包括以下体系：组织分工体系、员工评价激励约束体系、员工社会保障体系。其中，组织分工体系是最重要的体系，必须实行动态管理，具体方法如下：

根据企业内外部环境的变化及时调整组织结构和劳动分工，力争人力资源的最有效组合；根据员工的业绩考评给予晋升，力争达到"能级对应"；加强中层管理人员交流，使他们更了解企业的经营思想、管理特色、业务流程等。

2.挖掘人力资源潜能

目前，我国人力资源普遍存在三大缺陷：数量多，质量差，结构不合理。当然，这只是一种暂时现象，通过有目的、有计划的培训，挖掘员工的潜能，这种现象将会改变，这就是许多国际公司把企业称为"学习型组织"的原因。据统计，一个人在学校学习的知识或者技能只占其一生拥有的知识和技能的40%。因此，我国企业完全可以通过员工自学、培训员工改变人力资源数量多、质量差、结构不合理的局面。

（四）建立完善的绩效评价系统

人力资源部门应该通过职位分析形成规范的岗位说明书，明确员工的责任，确定员工的工作目标或者任务；通过岗位评估判断职位的相对价值；制定公司的薪酬策略，使员工对公司的薪酬体系有清晰的了解。

现代企业的绩效考评一般建立在两个假设基础上：一是大多数员工为报酬而努力工作，能够获得更高的报酬时他们才关心绩效评价；二是绩效考评过程是对管理者和下属同时评估的过程。

绩效评价有两部分内容：结果和成绩；绩效要素。

目标、结果一般以量化指标进行衡量，应负责任的业绩一般以责任标准来考核。

对员工而言，绩效要素包括主动性、解决问题的能力、客户导向、团队合作和沟通；对管理者而言，绩效要素包括领导、授权和其他要素。最终的绩效评价结果是员工及管理者两部分内容相加的总和，两者分别占60%和40%。

（五）制定科学策略，吸引、留住人才

制定科学策略，吸引、留住人才，对员工进行公正的评价，有利于企业人员的相对稳定，但是要真正留住人才，非短时间内可以完成的。为了使人才流失率降到最低，现代企业应该制定并且执行科学合理的转换成本策略，即员工试图离开企业时会因为转换成本而放弃，这就需要在制定薪酬策略时充分考虑短期、中期、长期报酬的关系。薪酬策略是吸引、保留和激励员工的重要手段，要学会用薪酬吸引人才、留住人才。人是有感情的，企业还要会人情管理、人文关怀，通过情感吸引人才、留住人才。另外，企业还要给员工创造成就事业的平台和机会，以此来吸引人才、留住人才。

（六）为员工创造持续发展的空间

现代企业在要求员工创造价值的同时，也应该积极鼓励员工实现自身的合理持续发展。员工适应新环境的能力对于企业和个人成长都是至关重要的。现代企业大都积极鼓励持续发展，为员工提供机会以提高其适应能力。现代企业应该鼓励所有的员工积极主动地投入竞争，使责任和权利互相平衡，尽可能贴近工作实际，以最大限度发挥、利用员工的创造性和主动性。

第二章 人力资源管理系统的设计与构建

第一节 人力资源管理系统设计的依据

人力资源管理的最终目标是要通过对企业人力资源的整合来驱动企业核心能力的形成与保持，因此设计出一套适合企业自身的人力资源管理系统，对企业实现战略目标、获取竞争优势至关重要。在人力资源管理系统的设计中，设计依据是整个系统设计成功的关键。人力资源管理系统的设计依据主要包括两个方面：一方面是企业的使命、愿景与战略解读；另一方面是现代企业人力资源管理系统设计的核心价值观。

一、企业的使命、愿景与战略解读

所谓使命，就是企业存在的理由和价值，回答的是为谁创造价值、创造什么样的价值的问题。任何现代企业都是在一个产业社会的生态环境中寻找生存和发展的机会的。这个产业社会的生态环境主要包括该企业的供应商、分销商、最终顾客、战略伙伴、所在社区以及其他利益相关者。企业要想获得可持续性的发展，就必须在其所在的产业社会生态环境中找到自身存在和发展的价值和理由，即要明确企业能够为其供应商、分销商、最终顾客、战略伙伴等一系列的相关利益群体创造什么样的价值。企业只有持续不断地为相关利益者创造价值，使各利益相关者都离不开自己，才能够获得可持续成长和发展的机会。"愿景"一词，最早由美国著名的管理学家和组织行为专家彼得·圣吉在其著作《第五项修炼》中提出。所谓愿景，就是企业渴求的未来状态，回答的是企业在未来将成为什么样的企业的问题。当前，越来越多的企业开始着手建立企业的愿景规划。

一般而言，企业的愿景规划包括两个部分：一是企业在未来的 10 到 30 年要实现的远大目标；二是对企业在实现这些目标后将会是什么样子进行生动描述。比如，亨利·福特在一开始就为福特公司提出了其要追求的愿景——"使汽车大众化"，并将这一目标用生动的语言描述为："我要为大众生产一种汽车……它的价格如此之低，不会有人因为薪水不高而无法拥有它，人们可以和家人一起在上帝赐予的广阔无垠的大自然里陶醉于快乐的时光中……当我实现它时，每个人都能买得起它，每个人都将拥有它。马会从马路上消失，汽车理所当然地取代了它……我将会给众多的人提供就业机会，而且报酬不薄。"通过塑造并不断宣扬这样美妙的愿景，福特激励了整整一代企业家和员工，使之为了实现这样的愿景而不懈奋斗。

企业通过建立自己的愿景，可以找到企业发展的目标和方向，企业的战略则是落实愿景的关键步骤。一般来讲，企业的战略主要包括三个层面，即公司层战略、事业层战略和职能层战略。公司层的战略主要描述一个公司的总体方向，主要包括一家公司如何来建立自己的业务组合、产品组合和总体增长战略。比如，一家公司决定同时从事家电、通信终端设备等几个领域来保持企业的快速战长。事业层战略主要发生在某个具体的战略事业单位（比如事业部或者子公司），具体是指该战略事业单位采用什么样的策略来获取自己的竞争优势，保持本事业单位的成长与发展；如何来支持公司层面的总体战略。比如，某家公司决定在其彩电事业领域通过采取低成本战略吸引低端消费者来获取自己的竞争优势。职能层战略主要在某一职能领域中采用，比如企业的人力资源战略、财务战略、研发战略、营销战略等，它们通过最大化公司的资源产出率来实现公司和事业部的目标和战略。

企业的使命、愿景和战略共同形成了企业一整套时间跨度由长到短的目标体系，以及支撑这些目标的战略体系。它们又共同形成了企业组织与人力资源管理体系的设计依据，并且成为企业所有系统所要服务的对象。

二、现代企业人力资源管理系统设计的核心价值观

在建立和健全现代企业制度的同时，要进一步完善企业的人力资源构建，这关系到企业的生存与发展。一个优秀的团队需要几个方面的保障，首先是团队的凝聚力，其次是团队的创造力，最后是团队的包容度。特别是团队的包容度，这要求所有团队成员对

企业忠诚，并能在企业面临困难时给予支持，同样也包括员工之间的包容、善待以及激励。

（一）现代企业人力资源核心价值观的含义

现代企业在发展的过程中形成了自己的经营理念和市场定位。在企业发展到一定规模的条件下，企业开始在文化上进行定位和品牌纵深建设，这个时候就体现出了一个企业脱离"人治"的阶段。企业完善的制度和文化给了员工充分的发展空间和自由的心灵寄托，特别是企业在引进员工的时候已有一系列完整的人力资源规划和战略，在实施这些战略的过程中，企业对于什么样的人是企业需要的人，什么样的人是企业在未来发展中还要进一步引进的人，有了自己的价值观，但是这种价值观并不是企业的核心价值观。所谓核心价值观，是在人力资源价值观形成的基础上做出的方向性定位，这个定位是百年大计，是企业对于用人的基本思路、策略，也是企业实现自我文化的标准，所以从这个角度来说，现代企业的人力资源核心价值观是生于企业内部，长于企业发展过程，形成于企业自我完善过程的阶段性成果。

（二）现代企业人力资源核心价值观的表现形式

1.现代企业是发展的企业，是以人为本的企业

现代企业的发展排在第一位的应该是人才，而过去把市场和客户定位在第一位的目标是市场经济发展过程中的阶段性体现，这也从根本上体现了市场经济是企业发展的助推力，现代企业在经营上自立于平台的突破，特别是企业在面临着自我发展的瓶颈时，很多时候都要通过以人为本的思路来保持企业的持续和稳定。从企业发展的长远计划来说，企业的发展离不开不断创造生产价值的员工；离不开为企业奉献自我青春的员工；更离不开那些默默无闻、战斗在第一线的员工。正是有了这样的员工，企业才会发展。以人为本的另一个表达是：企业管理是制度为上的管理，制度面前人人平等，制度也成为以人为本的重要内容。

2.现代企业通过自我价值实现来满足人力资源的核心价值观

企业员工通过努力工作，在制度面前完成了发展空间的自我实现，比如从一般员工成长为中层管理。在这个过程中，员工通过自我学习和企业培训，满足了自我发展的需要，表现为员工的自我实现，而这种个体的自我实现进一步印证了核心价值观的回归和个体对团队的贡献，所以现代人力资源的核心价值观是通过员工的自我实现来满足的。

一方面，企业离不开员工，员工离不开企业，两者是相互依存、缺一不可的；另一方面，员工的价值观在企业人力资源价值观的影响下，发挥着巨大的潜能，并达到逐步提高和完善的目标。

3.企业的人力资源核心价值观体现在制度的完善上

人力资源核心价值观不是单一的价值观，不是没有目标的价值观，不是凌驾于制度上的价值观，更不是领导决定的价值观，而是员工自我实现的价值观，员工在自我实现过程中满足了企业发展所需要的共同性。所以核心价值观体现在制度上是非常准确的，特别是核心价值观是现代企业制度精神下的产物，是一种看似无形、实则有形，真实存在的价值体系；是融合于制度中的一种团队意识和团队文化。所以制度的不断完善也促进了现代企业向着更高的目标迈进，向着更为科学的方向发展。

（三）建立和完善人力资源核心价值观的重要措施

1.企业人力资源核心价值观的建立

从现代企业的发展来看，人力资源核心价值观的建立应该是科学的，是一种资源的回归，是企业需要重点培育的内容，这种培育本身基于一定的规模，并且这种规模是企业发展过程中需要特别强调的，也是要重点去做的。从这个角度出发，对于人力资源核心价值观，从发展上来说，企业要重视以下三个方面：

首先，提倡科学的发展理念和定位，注重以人为本的企业文化建设，有序地提高员工的工作积极性和归属感，特别是要使人力资源引进的评估体系达到和满足企业核心价值观的需要；其次，要发展和培养对企业忠诚、愿为企业投入的员工，对于这样的员工要重点进行培养并且使其拥有更好的发展空间；最后，要对每一名员工进行核心价值观的培训，让他们紧跟企业发展的理念，做到价值观的统一，以更好地为企业的发展出力。

2.加强绩效考核和善意提醒

加强绩效考核主要是让每一名员工都在一个完善的制度里工作，每一名员工的付出和所得与其自身的努力是分不开的。善意提醒中的善意是由两方面构成的：一方面，企业要成立员工评估委员会，由企业工会牵头进行，对员工定期进行评估，评估结果不公开、不予评论，目的是让员工有自查自纠的意识，这保障了员工的个人利益，并且给予了其充分的信任和时间，员工通常会因为这样的处理而感到自身受到了尊重。尊重是个人发展最有力的助推器，一个被人尊重和尊重别人的人会是一个有理想、有目标、可以改变现状的人。另一方面,员工可以通过工会提醒他人,这种提醒是相互促进和相互鼓励,而不是"恶人先告状",通常由工会主持,内部消化,这样就达到了善意的目的,并且实现了效率的倍增。

3.科学的培训和日常的定型

对于一些新进的员工,企业要进行科学的培训,培训效果直接关系到员工下一步的定型。但是,一般的企业只对新进的员工进行培训而没有定型,培训结束后,新进的员工容易遗忘培训内容,这样会给日后的工作带来很大的隐患。企业在完成培训的基础上要对新进的员工进行定型,如同练拳一样,学会了动作,还要通过反复操练来定型。每一天都会有人对新进的员工进行善意的提醒,直到其度过实习期,成为一名正式的员工。

现代企业的发展离不开人力资源管理,而现代企业越来越重视制度先于人的管理方法,在这样的背景下,建立和完善人力资源核心价值观变得尤为重要。

第二节 人力资源管理系统构建的基点

人与组织之间的矛盾是人力资源管理的基本矛盾,如何正确处理组织与人之间的矛盾关系,平衡相互之间的利益,是人力资源管理研究中的一个难解之题。人力资源管理系统构建的基点有两个:一个是组织中的职位,另一个是人。

要厘清人力资源管理系统构建的基点,就必须把握三大系统、一个矛盾和三种模式。三大系统是人力资源管理系统构建基点的基础,包括组织系统、职位管理系统及胜任能力系统;一个矛盾是指人与组织之间的矛盾,是人力资源管理模式转变的原因;三种模式是指人力资源管理的三种模式,包括基于岗位的人力资源管理模式、基于能力的人力资源管理模式,以及基于"岗位+能力"的复合式人力资源管理模式。

一、组织系统研究

任何企业在确定了使命、愿景和战略后,都必须使使命、愿景、战略在组织和管理上有效地落实与传递。因此,组织设计就成为在企业的目标系统与人力资源管理系统之间进行衔接的桥梁和纽带。组织设计的原理主要包括组织模式选择、部门设置和流程梳理。

所谓组织模式选择,即要确定企业采用什么样的组织结构类型,主要包括直线职能制、事业部制、集团公司制、项目制、矩阵制等。其中,最为典型的当数直线职能制、事业部制和矩阵制;集团公司制在运作方式上与事业部制大体相似;有的项目制的组织结构可以看作一种动态的事业部制,有的则趋近于矩阵制。

在直线职能制结构中,组织从上至下按照相同的职能将各种活动组合起来。所有的工程师被安排在工程部,主管工程的副总裁负责所有的工程活动。市场、研发和生产等方面也一样。

事业部制结构,有时也被称为产品部式结构或战略经营单位。企业通过这种结构可以针对单个产品、服务、产品组合、主要工程、项目、地理位置、商务或利润中心来组织事业部。事业部制结构的显著特点是基于组织产出的组合。事业部制和直线职能制结构的不同之处在于,在事业部制结构中,企业可以对其重新设计并分立产品部,每个部门又包括研发、生产、财务和市场等职能部门。各个产品部门内跨职能的协调性增强了。事业部制结构鼓励灵活性和变革,因为每个组织单元(即事业部)变得更小,能够更加适应环境的需要。此外,事业部制结构实行决策分权,因为权力在较低的层级(事业部)聚合。与之相反,在一个涉及各个部门的问题得到解决之前,直线职能制结构总是将决策压向组织的高层。事业部制的结构可以按照产品来划分,即产品事业部制结构;也可以按照区域来划分,即区域事业部制结构。

还有许多结构并非以单纯的直线职能制、事业部制的形式存在。一个组织的结构可能会同时强调产品和职能,或产品和区域。综合两种特征的一种典型的结构就是混合制结构。当一家企业成长为大型企业,拥有多个产品或市场时,该企业通常会成立若干个自主经营的单位,同时对每种产品和市场都重要的职能会被分权至自主经营的单位。然而,有些职能也会被集权,由总部集中控制。总部的职能是相对稳定的。整合直线职能制和区域事业部制结构特征的企业,会兼具两者的优点。

矩阵制结构的独特之处在于事业部制结构和职能制结构(横向和纵向)的同时实现。

与混合制结构将组织分成独立的部分不同,在矩阵制结构中,产品经理和职能经理在组织中拥有同样的职权,员工负责向两者报告。当环境一方面要求专业技术知识,另一方面又要求每个产品线能快速做出变化时,企业就可以应用矩阵制结构。当直线职能制、事业部制或混合制结构均不能很好地整合横向的联系机制时,矩阵制结构通常是解决问题的答案。

企业要选择何种组织结构类型,主要取决于其战略、业务规模、产品的差异化程度、管理的复杂性与难度等方面。在确定了采用何种组织结构类型后,企业就需要对部门进行划分,即考虑设置哪些部门来实现企业的战略目标与功能。一方面,在直线职能制中,企业需要根据自身价值链的主要职能活动来设置业务部门,并围绕业务部门来设置管理部门。而在事业部制的组织结构中,企业还必须进一步考虑哪些部门应该在总部进行集中,以发挥集中化带来的规模效应;哪些部门应该分设在不同的事业部中,以充分激发事业部的活力。而对于矩阵制的组织结构,企业则必须结合直线职能制和事业部制的组织结构设计两种模式来进行考虑。另一方面,现代企业已经不再仅仅强调依靠部门的划分和部门之间、职位之间的职责界定来提高运行效率,而是更加突出流程的再造和优化对于企业效率,尤其对企业的应变速度和反馈顾客的能力的影响。所谓流程,是指完成某一项具体工作的一系列步骤或者程序。企业为顾客提供的产品或者服务最终都要依靠流程来实现。企业的流程包括业务流程和管理流程,业务流程主要包括企业的研发流程、生产流程、销售流程和客户服务流程。管理流程包括企业的人力资源管理流程、财务管理流程等。每个大的主流程可以被分解为若干个小的流程,又可以将流程的每个步骤或者环节细分到一个个具体的职位上,从而使流程能够找到落脚点和具体的承担者。在20世纪90年代,企业界兴起了流程的再造与重组,即通过对组织的现有流程进行分析和梳理,寻找流程设计中缺乏效率的地方,并对整个流程的运行进行重新设计,从而大幅度提高企业的运行效率,降低企业的成本,提高企业对外部市场的反应能力和速度。

此外,在完成组织模式选择、部门设置和流程梳理的基础上,企业需要进一步对各部门的职能进行定位,并明确每个部门的职责与权限;再根据部门的职责与权限,确定部门内部应该设置哪些职位来完成部门的职责,每个职位应当承担何种工作职责与工作内容,每个职位应该由具备什么样的知识、技能、经验和素质的任职者来担当。对职位的设计和研究,企业也必须从流程的角度来进行考虑,研究职位在流程中所处的位置,明确职位在流程中应该扮演的角色、应该承担的职能和职责。这样,企业就可以从纵向的直线指挥系统和横向的业务流程两个方面来进行职位设计和职位分析,以确保职位能够满足企业的战略要求，并符合业务流程。这样就从组织设计的内容过渡到企业的职位分析与职位评价，从而实现了组织向人力资源管理的过渡。因此，组织设计是人力资源管理系统设计的重要基础。

二、职位系统研究

在战略和组织系统研究的基础上，笔者对组织的基本要素——职位进行了系统性的研究和解析，以获取战略性建立人力资源管理体系的基础信息。

"职位"是指承担一系列工作职责的某一任职者所对应的组织位置，它是组织的基本构成单位。"职位"作为组织的实体要素，通过任职者的行为与组织实现各种有形或无形的"交换"，对这种"交换"过程的解析是人力资源管理系统得以建立的现实"土壤"，而"交换"的性质和特征，以及交换过程中组织和任职者的反馈是实现人力资源管理系统运行有效性的根本动因。如何最大限度地激活双方的这种"交换"活动，实现组织和任职者的共赢，是人力资源管理乃至所有企业管理活动根本的出发点和归宿。

职位在整个组织运行中的地位由组织结构和流程所构成的二维坐标系所决定。从纵向角度来看，在组织的总体架构中，职位总是处于一定的层级中，面对上级的监督、指导，同时监督直接下级并为其提供指导，通过与这些纵向实体的"交换"活动，实现整个组织管理系统的正常运行；从横向角度来看，在组织的运行流程中，职位总是处于流程的某一环节或辅助环节，与流程的上游节点和下游节点实现"交换"，以保证组织运行流程的畅通。因此企业应从横向和纵向两个角度系统地审视职位，寻求职位与组织"交换"的关键点、职位对组织的"贡献"和职位向组织的"索取"。

从职位本身角度来看，职位是一个开放式的"投入—过程—产出"系统。投入是工作者的任职资格（知识、技能与能力）以及完成工作所需用到的资源，过程是工作者完成工作职责，而产出则是该工作（职位）所要达成的目标。这就构成了现实工作完成的逻辑，即任职者通过运用自身的知识、技能与能力，完成工作任务，以此来满足组织的需要。而诸如工作关系、工作负荷等内容，均可以看作这个系统所存在、运行的环境，对其起着重要的支持作用。

从上述对职位系统的认识可知，职位是人力资源管理体系运行的最为基层的土壤，如何最大限度地激活职位与组织的"交换"活动，是人力资源管理的基本命题。因此，对于职位系统的研究构成了人力资源管理体系的支柱之一。

传统的观点认为，人力资源管理系统对于职位的关注主要体现在两个方面：一是关注职位所包含的内在信息，包括组织中的职位结构、权责、任职资格要求、职位之间的关联等；二是职位的相对价值以及由此所决定的职位价值序列。职位分析和职位评价是人们获取关于这两方面信息的基础性工具。

笔者认为，人力资源管理系统不是建立在单一的岗位基础之上的，而是建立在职位管理系统之上的。职位管理系统是建立在对企业业务结构、组织结构与流程的深刻认识与理解基础之上的，包括职能体系、职类体系、职种体系和职位体系。职位管理系统是现代人力资源管理系统双轮驱动要素中的一个，对人力资源管理系统中的其他职能模块起支撑作用。

三、胜任能力系统研究

"胜任能力"这一概念最早是由美国的麦克利兰在20世纪70年代提出的，核心思想是对当时盛行的智力测试、性倾向测试、学习能力测试等心理测试进行批判。他认为传统心理测试并不能很好地预测工作者在未来工作中的表现，应发展新的、更有效的测试来满足甄选人员的需要。他提出人的工作绩效由一些更根本、更潜在的因素决定，这些因素能决定人在特定组织环境中的绩效水平。当时研究的重点主要集中在胜任能力特征的建立上，以及如何发展能力特征和将其变成可操作、可量化的标准。

后来胜任能力的研究者提出了胜任能力的冰山模型，把人的胜任能力素质分为冰山之上和冰山之下两部分：冰山之上的知识、技能称为外显特征；冰山之下的态度、驱动力、人格特质等称为内隐性特征。

在新经济时代，知识型员工已经成为员工队伍的主体，员工的能力成为企业竞争力的源泉，人与组织之间的矛盾也变得越来越错综复杂。人与组织的关系已经不再局限于人与职位的关系，还包括人与组织文化、人与组织战略、人与业务模式、人与业务流程等的关系。这就使得人力资源管理研究的立足点不再局限于职位，而越来越关注对人本身的正确认识和理解。决定绩效的素质要素既包括一个人专业知识和技能等表层因素，还包括个性、品质、价值观和内驱力等深层次的素质要素。这也使胜任能力研究由关注个人胜任能力转变为关注全面的胜任能力。现在的胜任能力体系包括以下四个层面的内容。

（一）全员通用的胜任能力模型

全员通用的胜任能力模型就是所谓的核心胜任能力模型，这是基于企业的战略、文化以及产业特性对人的需求，是一个组织的员工所必须达到的最基本的素质。比如，有的企业要求员工有创新性，但有的企业则要求员工情绪稳定，不需要有太多创新思维。

（二）专业胜任能力模型

从事某个专业领域工作所必须具备的素质和能力，即专业胜任能力。这种胜任能力模型是基于职业发展通道、职类职种构建的。比如说，从事人力资源管理工作、营销工作、财务工作等需要具备的素质。专业胜任能力模型是根据业务模式及流程对人的素质要求演绎出来的。

（三）从事特定岗位所需要具备的胜任能力

从事特定岗位所需要具备的胜任能力既包括专业知识和技能，也包括人的品质、价值观、动机等内隐性特质。

（四）团队结构素质

团队结构素质主要基于团队任务的分析，基于人与人的互补性组合，研究具备不同素质的人怎样搭配才能产生互补性聚合效应。

目前，胜任能力在层次上的应用非常混乱，不同的企业运用的模型不同且十分单一。实际上，企业必须在四个层次上同时应用胜任能力，胜任能力体系才能真正成为现代人力资源管理系统双轮驱动要素中的另一个，才能真正产生价值。

四、人与组织之间的矛盾及新变化

(一) 人与组织之间的矛盾的主要体现

1.人与组织整体之间的矛盾

人与组织整体之间的矛盾主要是指人和组织在战略和文化上相适应的问题,人的素质与能力要与企业的战略、文化、核心能力相匹配,要保持组织和人同步成长和发展,使人的内在需求能够在组织中得到满足,个人价值得到实现;同时,人也要符合组织战略与文化的需求,使其个人目标与组织目标保持一致。人与组织的整体协同又包括三个层面的内容:第一,整个企业的核心人才队伍建设要与企业的核心能力相匹配,以支撑企业核心能力的形成;第二,企业的人才结构要符合企业业务结构与发展模式的需求,要依据企业业务结构的调整与优化进行人才结构的调整与优化;第三,个体的能力要符合企业战略和文化的需求,个体要认同组织的文化,形成自己的核心专长与技能。

2.人与职位之间的矛盾

人与职位之间的矛盾主要是指人与职位的适应性问题,人要符合岗位的需求,人的能力和岗位的要求要相互匹配,也就是人与岗位的动态配置问题。人与岗位的动态配置主要体现在两个方面:第一,个体素质要符合关键岗位和特定岗位的需求;第二,人的素质和能力要符合所从事的某一个专业领域的能力需求。

3.组织中人与人之间的矛盾

组织中人与人之间的矛盾主要是指组织中人与人的能力匹配和团队人才组合的问题,即组织中人与人之间的有效配置问题。在知识型组织中,人通常不是固定在某一个点上(职位),而是在一个区域里面运动,跨团队、跨职能的团队运作是主要的组织工作模式;人力资源管理的矛盾更多地表现为人与人之间的关系,人与人之间的个性互补与能力匹配,人在团队中的角色定位与位置。要实现人与人之间的有效配置,企业就要研究人才的互补性聚合效应。

（二）人与组织之间的矛盾新变化

传统的人力资源管理关注解决人如何适应组织与职位的问题，而忽视了组织与人的相互适应及人与人之间的互补协同关系。随着组织与人的关系日益复杂与多变，人力资源管理面临着许多新的矛盾。

进入新经济阶段，企业的人力资源管理发生了重大的转变，人力资源管理的基本矛盾进入一个新的阶段，矛盾的两个方面——组织与人，同过去相比都发生了很大的变化，这使得组织中人与组织、人与职位、人与人之间的关系都出现了很多新的特点。

1.组织和工作的变化

在新经济时代，组织所面临的环境越来越不确定，客户的需求呈现多样化、个性化的特点，组织的模式以及员工的工作模式要适应客户需求的变化而不断变革。组织变革与创新成为一种常态，这使得职位关系日趋复杂，职责越来越模糊，职位分析缺乏对战略、组织、流程的整体适应能力，这就导致了职位的不确定性，组织中的工作或职位不再像过去那样是稳态的，而是动态的。组织和组织中的工作出现的新特点具体表现在以下几个方面：

第一，组织设计的基点发生了变化，组织设计在过去是基于目标和功能的，现在则是基于战略业务发展的需求和客户发展导向的。客户需求是不断变化的，而且是多样化的、个性化的。组织要基于客户价值和客户需求，不断地进行相应的调整和变化。一方面，组织要适应快速的变化，对客户需求做出快速的响应，这就需要不断地缩短流程；但另一方面，由于组织制衡的要求，有些流程不是要缩短，而是要延长。在过去以生产为核心的专业化分工体系下，组织的制衡机制和协调机制是通过两个要素来实现的：一是通过部门分工进行制衡和监督，二是通过权力来协调。现在提出建立客户价值导向的组织，很重要的一条就是基于流程来进行制衡，即建立责任与流程体系，通过流程结点进行制衡，通过流程来建立基于客户价值的责任体系。因此，在组织扁平化的条件下，流程成为主要的制衡机制，流程并不是越短越好，有些流程是需要延长的。

第二，在传统的组织中，职位是稳定的，工作是确定的，职责是清楚的；而现在的工作越来越不确定，职责也变得不清楚。因为组织不断在变，流程不断在变，原有的职位可能会消失，职位是处于动态变化中的。

第三，过去的许多工作是重复性的、可复制的；而现在的许多工作是创新性的、难以复制的，有很多例外的工作内容。

第四，过去的组织部门之间以及各岗位之间的边界是清晰的，分工是明确的；而现在的组织当中，岗位之间的边界并不清楚，职责划分并不明确。尤其是在网络制组织结构和矩阵制组织结构中，一切以市场和客户为核心，岗位之间的边界是模糊的，甚至是重叠在一起的。

第五，过去的工作是按照直线职能制进行专业化分工的个人工作模式，追求个人的专业化；而现在更多的是围绕一项目标或任务进行人才的组合，采用项目性和跨团队、跨职能的团队工作模式，以追求人才组合的协同性。

第六，对员工来讲，过去强调更多的是单一技术要求；而现在则是多种技能的综合要求。

第七，过去在组织中处理组织与人之间的矛盾，协同各个部门之间的关系，最基本的准则是权力法则，是来自更高层级的协调；而现在处理组织和人之间的矛盾则是基于客户和市场的需求，更强调责任和能力，各部门之间也是基于市场与客户的需求同级自动协调的。

2.人的变化

在组织和工作发生巨大变化的同时，组织中的人也发生了很大的变化。员工已经成为企业的主体，员工的能力成为企业竞争力的源泉。组织中人的变化主要表现在以下几个方面：

第一，知识型员工更具有工作自主性，有自我尊重的需求，个性张扬。人对工作自主性的要求、对自我实现的需求、对个性的诉求，比以往任何一个时期都得到了更多的重视。

第二，人的素质结构要素变得越来越复杂，既有冰山之上的显性素质要素，又有冰山之下的隐性素质要素。决定绩效的能力要素既包括一个人所具有的专业知识和行为方式等表层的因素，也包括个性、品质、价值观和内驱力等深层次的素质要素。组织对人的个性、价值观等深层次的素质要素的需求越来越强烈。"人的素质"的内涵变得更加丰富而复杂多样。

第三，人的需求变得更加复杂，知识型员工的需求是复合性的。知识型员工既有低层次的物质需求，也有高层次的知识和精神需求，各层次需求交织在一起，具有复合性。在这种条件下，人的需求是十分复杂的，并不像马斯洛的需要层次理论描述的那样层级分明——先满足了低层次的需求，再转而追求高层次的需求。知识型员工的需求要素是重叠的、混合的，不同层次的需求相互交织在一起。

第四，知识型员工的参与感越来越强烈，对于沟通、理解和信任有着越来越多的需求，工作自主性和个人潜能的发挥越来越重要，员工对于发展机会和空间的需求比以往任何时候都更为强烈。

第五，人与人之间的关系处理起来更加复杂。

总之，在新经济时代，组织和工作都发生了巨大的变化，人本身也发生了巨大的变化，组织、职位和人都变得更加复杂。组织和人的变化激发了人力资源管理的基本矛盾——人与组织之间的矛盾的进一步深化，而人与职位之间的矛盾、人与人之间的矛盾也比以往任何一个时期都更加深刻，影响更为广泛。

第三节 构建人力资源管理信息系统的方法

人力资源管理系统构建的方法有很多，不同的人力资源管理系统有不同的构建意义，这里以人力资源管理信息系统为例进行论述。

一、构建人力资源管理信息系统的准备

人力资源管理部门需要统一制定规划，明确目标，统一标准，建立规范的数据库，实现信息的共享。在项目初期阶段，人力资源管理部门应当认真分析企业的现状和基本情况，从而建立完善的人力资源管理信息系统的需求分析，对系统构建的原则以及目标进行明确。人力资源管理部门与各级管理人员进行良好的沟通，做好构建企业人力资源管理信息系统的准备工作，特别是要结合系统使用人员和中高层领导的意见，对系统的结构、数据库以及运行的环境和安全级别进行科学设计，以满足各类人员的需求，建立畅通的沟通渠道。基于现代管理理念与管理手段相结合的人力资源管理信息系统不仅是一个管理系统，同时也是一个技术系统，在该系统中应用了各种信息技术，大大提升了工作效率，并且为管理者提供了准确有效的信息数据，辅助其进行管理和决策。因此，该系统中的技术要素、高素质的管理人员和管理理念是其核心内容。

二、人力资源管理信息系统的构建

1.如何设置企业人力资源管理信息系统的功能及其架构

人力资源管理的各个领域都可以由企业人力资源管理信息系统提供支持,如为人力资源规划、招聘、人员信息管理、合同管理、休假管理、绩效考核、离职管理、薪酬福利管理、培训管理等各个方面提供支持,并提供统计、查询、输入、输出、审批等功能。

另外,从系统的功能架构上来分析,企业的人力资源管理信息系统应分解为三个层面:①基础数据层,包括员工在企业内不断变化的动态数据,如工龄、司龄、岗位信息等。②业务处理层,包括主要业务流程和功能操作的功能处理,这些功能将在日常管理工作中不断产生和积累新的数据,如绩效考核数据、考勤休假数据、薪酬数据、培训数据等。③决策支持层,通过基础数据和业务数据的数据库支持,并通过对有效数据的统计和分析,可以得到决策层所需要的数据,提高人力资源管理的效率,便于企业战略层从总体上把握人力资源的方向和动态。

此外,人力资源管理信息系统在报表输出和数据转换方面也能提供有力支持。人力资源管理信息系统不仅能提供大量基础数据报表,同时还能根据业务需要对现有报表进行修改。

2.人力资源管理信息系统的实施阶段

(1)需求分析阶段

有效分析和研究企业人力资源管理现状,才能进一步促进人力资源管理信息系统的实施,对人力资源管理信息系统的各项功能以及其实施情况和范围等进行有效确定,并依照实际,认真选择企业人力资源系统的解决方案,分析其客观的功能需求。

(2)方案选择阶段

在选择人力资源管理信息系统方案的过程中,企业必须要对自行开发还是外部开发进行确定。自行开发需要投入的成本不高,但因相关人员不熟悉人力资源管理的业务与流程,必须要先进行业务理解和流程梳理等工作,所以会延长开发的周期,也可能会出现不严谨的系统流程。而相较于自行开发,外部开发的相关人员在此方面具有较多的业务经验,不需要人力资源管理部门协助,因而更利于人力资源管理信息系统的构建。

(3)实施阶段

第一,明确系统的功能需求。人力资源管理部门在完成企业的人力资源管理体系的优化和流程的梳理后，可以将现有的管理工作和流程进行规范化、标准化、系统化。这样的梳理有利于系统的功能设定合理化，系统开发人员根据具体的需求和流程合理设置每一个功能模块。系统的功能梳理和功能模块的设定是整个项目实施的基础，对项目的实施起着至关重要的作用。在流程的梳理和模块的定制阶段，系统的应用者应与系统的开发者进行良好的沟通，对系统的需求分析进行及时确认，避免在开发过程中不断提出新的零散需求或在正式开发后不断修改需求。

第二，数据整理与分析阶段。人力资源管理部门根据系统的功能对现有数据进行分析与整理，以形成标准化的各类电子表格，并通过标准化的电子表格将数据导出至系统的数据库中，从而建立起系统数据库。对系统数据进行整体分析与规划是使人力资源管理信息化至关重要的一部分，整个系统的信息集成可以使得系统的数据模型不断升级，不断稳定。

第三，系统的应用与反馈。在系统应用前，企业首先要对系统的使用人员进行技能培训，以帮助其尽快熟悉系统，了解在系统使用过程中、在功能设定中可能会出现的问题及数据信息的流畅程度。根据系统使用的反馈，开发人员在后续的改进和升级服务中，进一步调整系统的基础功能，使系统的运行更加流畅，使系统的易用性及可行性进一步加强，系统集成性进一步提高。

三、构建人力资源管理信息系统中存在的问题

1.企业管理者重视度不够

在企业发展中，很多企业虽然应用了人力资源管理信息系统，但是并没有提高对其的重视程度，导致很多企业员工在应用系统的时候不认真。企业在应用人力资源管理信息系统时，需要企业管理人员对这一系统的支持和了解，如果企业管理人员不重视人力资源管理信息系统的应用，对系统的使用和管理不了解，那么普通员工也会出现玩忽职守的现象，导致人力资源管理信息系统发挥不出其应有的作用，长此以往，企业管理者会认为人力资源管理信息系统并不会给企业带来长期效益，而忽视了自己作为企业管理者从一开始就没有提高对整个系统的重视程度这一问题。因此，在当前的市场中，很多企业管理者对人力资源管理信息系统的不重视成了人力资源管理信息系统在企业中应用效果不好的主要因素之一。

2.企业内管理不规范

企业员工应用人力资源管理信息系统的过程中存在不规范的问题,很多企业内的员工对于人力资源管理信息系统了解不多,没有严格按照使用规范来使用系统,这导致人力资源管理信息系统使用效果不佳,难以给企业管理者提供正确的数据信息。数据的失真会导致企业管理者在做出企业决策的时候出现问题,进而造成企业运营中的利益损失。企业管理者如果没有意识到这是企业中员工对人力资源管理信息系统不了解而造成的损失,就会认为是系统本身不能为企业经营提供帮助,会对人力资源管理信息系统失去信心。为此,在企业中如何确保员工能够严格按照规范使用人力资源管理信息系统,也是当前面对的问题之一。

3.企业缺乏技术型人才

缺乏人力资源管理信息系统方面的技术型人才是当前企业所面对的严峻问题之一。如果没有优秀的技术管理人员,就难以解决人力资源管理信息系统在运行中出现的问题,甚至导致整个企业出现崩盘的情况,这对于企业而言会造成不良影响。但是很多企业管理者在企业应用人力资源管理信息系统时往往只注意到人力资源管理信息系统的前期投入——如果企业引进了技术型人才,那么这笔投入是否会为企业带来效益?很多企业管理者在没有得到准确的答案之前都不愿意做出选择,因此很多企业在应用人力资源管理信息系统时都缺乏专业的技术型人才。

四、构建人力资源管理信息系统的方法

1.提高企业管理者对于人力资源管理信息系统的重视

任何一家企业在其发展过程中都是由企业管理者来为企业制定长远的发展战略的,企业管理者在企业中具有绝对的企业人事调配权。因此,如果企业管理者对于人力资源管理信息系统的构建不够重视,那么人力资源管理信息系统就难以在企业中真正发挥出作用。应用人力资源管理信息系统能够保证企业管理者得到准确且完整的企业人才数据,并且能够及时了解企业中所有人才的信息。人力资源管理信息系统能够为企业管理者既定的发展战略提供服务,但前提是企业管理者重视人力资源管理信息系统。如果在使用人力资源管理信息系统的过程中出现了人力资源管理部门的业务流程问题以及其他问题,那么企业管理者需要妥善处理,防止出现由于使用人力资源管理信息系统而损害部分员工的利益的情况。此外，在应用人力资源管理信息系统的时候，企业中所有部门的员工要积极配合人力资源管理信息系统的信息录入工作，同时企业管理者需要做好人力资源管理信息系统的宣传工作。

2.规范企业中的业务体系

人力资源管理信息系统依赖于计算机对信息的高效管理。为此，企业管理者必须要意识到，要想利用人力资源管理信息系统得到有效信息，就要使企业计算机管理系统规范地处理信息，同时严格管理计算机管理系统中的数据接收、加工、保存、输出等环节。在使用计算机管理系统的时候，企业管理者可以利用计算机管理系统将所得到的问题进行细化，即将一个大问题逐一分解成若干部分。企业管理者在分化问题时需要注意，所有部分的问题都应当是规范且有规律可循的，否则计算机管理系统将没有办法针对问题给出正确的信息，也就是说，企业管理者没有办法根据计算机管理系统所提供的信息做出正确的决策。人力资源管理信息系统的使用特点就是其能够将各个不同业务模块信息进行有效的加工，同时给出最为合理且规范的答案，这也是当前很多企业开始应用人力资源管理信息系统的原因之一。企业管理者可以利用人力资源管理信息系统所给出的信息，并结合市场实际情况，做出帮助企业发展的决策，因而人力资源管理信息系统对于企业管理者来说是一种最好的企业管理辅助工具。

企业管理者需要注意到，由于数据量很大，变换相对频繁，在使用人力资源管理信息系统时必须严格按照使用步骤逐一完成，提高对人力资源管理信息系统的管理力度。企业中所有部门管理者在应用人力资源管理信息系统时要注意，人力资源管理信息系统所涉及的数据采集、数据更新或者是其他方面都需要严格保证数据的真实性。当前，很多企业在应用人力资源管理信息系统时都会出现由于企业管理者对人力资源管理信息系统重视度不够、企业员工对人力资源管理信息系统不了解、企业员工的工作责任心不强等问题，而使系统的实施和运行事倍功半，直接降低了企业整体的工作效率。因此，在应用人力资源管理信息系统的过程中，企业管理者需要建立相关的保障制度，规范企业中的业务体系；将企业业务管理体系落实到程序性文件，做到每一个操作都可以有章可循，减少甚至杜绝各种特例的出现，这样才能保证人力资源管理信息系统在企业中的正常运行，并且使其为企业发展做出贡献。

3.提高企业中维修管理技术人员的专业素养

想要在企业发展中确保人力资源管理信息系统的应用稳定性，就需要提高企业中维修管理技术人员的专业素养，这要求企业管理者在企业中建立一支具有高素养的技术稳定的队伍。为此，企业管理者可以在企业专门建立人力资源管理信息系统维修机构或者是信息中心，将技术落到实处，保证企业在应用人力资源管理信息系统出现问题时，维修管理人员可以第一时间将问题解决，同时维修管理人员也可以根据企业的实际发展对人力资源管理信息系统进行更新和改进。

计算机管理系统负责人需要负责整支队伍的协调工作、维修管理进度的控制工作、数据分析工作以及对所得到的数据进行检查，在企业管理者做出企业发展长远决策的时候给予其科学的意见。企业管理者需要对信息进行系统的分析，同时还要定期对人力资源管理信息系统维修管理人员进行技术培训，保证所有人力资源管理信息系统维修管理人员的自身专业性领先于其他企业。维修管理人员还需要定期检查各个部门系统运行的效果。人力资源管理信息系统的维修管理人员也是企业在运行和构建人力资源管理信息系统时的最主要人员，为了能够保证人力资源管理信息系统的稳定，可以在各个部门配备1～2名专业人员，负责简单的系统维护工作。人力资源管理信息系统一旦出现问题就会导致整个企业崩盘，如果企业管理者在应用系统时忽略了后期的维护，就会使所有的努力都近乎白费。

企业在招聘人力资源管理信息系统的维修管理人员时需要做到认真甄别，以保证维修管理人员的专业素养。

4.投入大量的资金

企业在构建人力资源管理信息系统的前期需要有大量的资金投入，在应用系统时也需要投入大量的资金。当前，虽然很多企业在选择人力资源管理信息系统的时候都会投入大量的资金，但是忽视了对后期维护的资金投入，甚至有很多企业认为人力资源管理信息系统对于企业发展来说没有意义。后期维护资金是保障人力资源管理信息系统能够在企业中发挥出更大的效益、为企业发展带来更多价值的主要因素。

五、人力资源管理信息系统的维护与管理

在人力资源管理信息系统的实施过程中，系统的维护与管理也是重中之重。为确保信息维护的及时到位，审批流程的顺畅，信息访问的安全，企业管理者要合理规划系统的管理、访问、使用者的各层级权限，制定相关的人力资源管理制度和流程，对信息化管理进行辅助管理，使得使用者明确自己的使用权限与责任，了解系统安全保密须知。

同时，人力资源信息系统的管理需结合企业总体战略及人力资源总体战略规划，使信息化管理更具有效率。

第四节 构建人力资源管理信息系统的意义

人力资源管理作为企业管理的重要内容之一，对于提升企业的核心竞争力和可持续发展能力有着非常重要的影响。然而长期以来，人力资源管理工作受日常行政事务的束缚，传统的管理工作模式现已很难满足现代企业的发展需要。人力资源管理系统的发展和应用为人力资源管理提供了强大的支撑，成为推进我国企业人力资源管理信息化建设的重要途径。

构建人力资源管理信息系统的意义主要包括以下几个方面：

一、有助于提高企业人力资源管理的效能

人力资源部分是企业职工整体管理的主体，人力资源部门虽然不对企业职工的具体工作内容和时间进行规划和管理，却对员工的薪资计算、社会保险的缴纳、请假、出勤等情况进行统计和管理，属于具有综合性和系统性的管理。人力资源管理可以实现企业人力资源效能的最优化组合，从而使得单位工作能够获得创新性的发展，用以提高企业员工的工作效率。例如，在以往的出勤管理过程中，每个部门有专人负责记录本部门职工的出勤情况，将每月的出勤情况报给人力部门，由人力部门根据个人的出勤情况对工资进行调整。但是在一些大型企业中，员工的数量能达到上千或者上万人，如果单纯通过人来核算的话，工作量无疑是巨大的。现在很多单位都实行了打卡制度，如果将打卡终端机的统计结构与人力资源管理系统相连，并在系统中预先设置好出勤管理的规则，那么系统就可以自动判断员工的出勤情况，并对本月的工资进行调整。

二、有助于简化管理流程，节省工作人员的时间与精力

企业人力资源的管理办法是不断发生变化的，它受企业的发展需求和当前策略的影响。企业人力资源管理工作不仅仅包括企业人员的资料管理、人员的分配和调动等，很多企业的人力部门还负责绩效的考核、社会保险的缴纳及企业员工出入境材料的管理等工作，单纯依靠人力很容易在某个环节出现错误，而计算机强大的信息归档和处理能力可以很轻松地完成这些工作。企业可以通过向软件制作商或者网页制作者提供具体的需求，针对企业独有的需求开发出的人力资源管理系统就能够很容易地完成各个环节的管理工作，例如人员的薪资情况、退休人员的数量统计等，从而节省工作人员的时间与精力。

三、有助于及时发现管理过程中的疏漏

人力部门负责的工作很多，管理的人员数量也很多，因此在管理的过程中人力部门的工作人员难免会出现一些疏漏或者是遗忘一些事情。信息化管理能够有效避免这些问题。例如，当有的员工合同到期需要续签的时候，当事人和人力资源管理部门很难想起这件事情，但是如果在系统中预先设置过提醒功能，在合同快到期的时候系统就会发出提醒消息。绩效考核是人力资源管理的重要内容，很多单位的绩效系数是根据具体科室的效益或者各科室承担的生产任务确定的，同时和岗位的性质也有很大的关系，如果个别人的绩效由于人力部门的工作人员不小心输入错误，而跟以往的工资差别较大或者是跟同等级人员的差距较大时，系统就会出现提示或者报错，这样能够方便工作人员及时进行修改，及时弥补疏漏、完善不足。

此外，企业人力资源管理信息系统为企业的高效运营提供了强大的支撑作用，改变了传统企业人力资源管理的模式。人力资源管理信息系统可以有效集中和集成分散的各类信息，并通过该系统进行统一分析与分类，使得人力资源管理工作的准确性得到大幅提升；企业高层领导也可根据这些有效数据，进行科学决策。企业人力资源信息化管理系统将各模块信息进行统一联系，使其形成一个整体，不仅大大增强了企业人力资源管理的效率，实现了无纸化信息管理，也使得企业人力资源管理的成本进一步减少。企业

管理者可以对人力资源管理信息系统中的各项制度及流程进行有效梳理，使人力资源各个模块的各项管理流程更加系统化、合理化。这样可以加速信息的传递，细化各流程的管理内容，降低审批延迟、权责不明或控制不严等问题出现的概率。

第三章 组织与现代人力资源管理

第一节 非营利组织的人力资源管理

近年来，非营利组织多次发生信任危机事件。危机事件发生后，由于工作人员的处理方式不够恰当，导致非营利组织的运行难以持续，这就说明在非营利组织的发展过程中缺少一支专业化的人才队伍，缺少合理的人力资源管理制度。非营利组织作为不以营利为目的的组织，其目标主要是为社会提供公共服务，涉及的范围很广，包括慈善、教育、环保等。其具有非营利性的特征，服务于社会的需求，在社会中扮演着公共服务的提供者、公共精神的倡导者、公共政策的参与者和公共关系的协调者等重要角色。非营利组织的人力资源管理是指非营利组织对一定范围内的人力资源进行规划、获取、维持和开发等一系列的管理活动。随着社会的进步，人才资源越来越取代传统的资本成为组织发展的重要因素，而不以营利为目的的非营利组织能够给予组织中人员的薪酬较少，造成了非营利组织人员的大量流失。这时，人力资源管理工作开展的好坏就成为非营利组织生存力与竞争力强弱的标志。只有对非营利组织的人力资源进行合理管理，才能不断提高非营利组织的专业水平，保证其可以不断地发展与壮大，为社会提供更好的服务。

一、相关理论研究

相较国内而言，国外的非营利组织发展得较为成熟，其具有完善的体系与制度，人力资源管理研究也相对完善。对于非营利组织人力资源的管理问题，国外学者有着丰富的理论经验和实践经验。Taylor 和 Francis 将研究集中在非营利部门的智力资本和战略人力资源管理上,并利用从澳大利亚非营利组织收集的数据提出新的理论,强调智力资本在非营利组织战略人力资源管理中的核心作用,从而填补了研究上的空白,并通过研究提出了一种新的非营利组织人力资源管理模式。有学者认为非营利组织人力资源管理要重视对人员的招聘,应当考察应聘者对组织的向往程度、个人品德、个人是否计较利益得失这三个因素,并将这三个因素作为指标综合打分来确定应聘者。此外,非营利组织在招聘中应避免任人唯亲,在招聘过程中要敢于并善于聘用那些优秀的人才。

在国内,非营利组织同样面临着人力资源管理问题,众多学者也纷纷对其进行研究。尉俊东从人力资源管理的环节和目标出发,认为非营利组织的人力资源管理策略应该更加强调价值体系和使命感的作用,要将人力资源管理与员工的发展结合起来,给予员工学习与发展的空间,吸引员工留下,使非营利组织更好地进行人力资源管理。张彻则从岗位职责和外部环境的角度出发,分析非营利组织目前存在的问题,并提出非营利组织应该接受外部的多方监督,在对人力资源进行管理时应该更加公开透明,并对员工的专业性提出严格的要求,不断提高其专业程度。安家鹏对非营利组织员工进行问卷调查后得出,非营利组织员工的工作满意度与财务公平呈正相关关系,这就说明财务不公平将导致员工对组织的满意度降低,从而造成人才的流失。

二、我国非营利组织人力资源管理现状分析

(一)缺少专业人员

一项对上海市基金会进行的调查显示:在人员组成上,被调查的88家基金会中,专职与兼职工作人员加起来为5~10人的占48.86%,仅有19.3%的基金会中专职人员超过10人;全上海市基金会从业人员974人,其中兼职人员520人,约占从业人数的53%;有19家基金会的从业人员都是兼职人员。非营利组织的从业人员较少,尽管我国高校每年培养出约10 000名专业的社会工作者,但只有不到30%的毕业生在非营利组织中就业,使得非营利组织人员的专业程度不高,缺少高素质的知识型人才,造成非营利组织不能保持自身的独立性,进而达不到所期望的效益。

（二）人员老龄化严重

在上述对上海市基金会的调查中发现，据不完全统计，在被调查的基金会中，工作人员平均年龄在 30 岁以下的为 0；平均年龄为 30~40 岁的基金会有 22 家，所占比例为 26%；平均年龄为 40~50 岁的基金会有 28 家，所占比例为 33%；平均年龄为 50~60 岁的基金会有 33 家，所占比例为 39%。由此可见，基金会中的工作人员年龄偏大，在一定程度上体现出老龄化，缺少新鲜血液的注入。我国非营利组织中普遍存在工作人员年龄偏大的问题，这些人大多是事业单位退休人员。对于高龄员工而言，他们的精力和学习能力有限，在学习新方法和新技术时，学习能力远不及年轻人，很难在较短时间内掌握相关方法和技术。

（三）缺少有效的人力资源管理方法

非营利组织公信力的缺失也使得非营利组织的发展陷入了瓶颈，公信力的缺失在一定程度上减少了非营利组织对民众的吸引力与民众对非营利组织的信任，也加速了内部工作人员的离开，这就使得非营利组织既难以吸引到优秀的从业人员，也留不住现有的工作人员，人力资源管理陷入困境，非营利组织的发展举步维艰。长期以来，非营利组织内部缺少一套有效的人力资源管理方法，一方面是因为国内缺少对非营利组织人力资源管理的研究，对其人力资源管理的重视程度不高；另一方面，非营利组织中人员的纪律性较差，很少有管理较为严格的非营利组织。因此，在非营利组织的发展中，未形成有效的人力资源管理方法。

三、促进非营利组织人力资源管理发展的对策

（一）加大对专业人才的培养力度

非营利组织要想持续健康发展，必须对其人力资源进行合理有效的管理，这就需要更多专业化的人才。应建立健全非营利组织内部人员的继续教育制度和专业知识培训制度。非营利组织可以定期开展相关培训，为提升现有人员的专业知识水平创造条件，不断提高人员的工作和服务能力。同时，非营利组织也要从外部吸收更多的专业化人才，

政府也应提高对非营利组织人力资源的重视程度,将非营利组织中的人才培养纳入各地的人才培养计划当中,源源不断地向非营利组织输送高校优秀毕业生,即输送高素质人才。高校可以开办相关专业,从而为非营利组织培养更多的专业人才。

(二)营造良好的人力资源管理环境

非营利组织的生存与发展需要更多新鲜血液的注入,因此,非营利组织需要营造良好的人力资源建设环境,也需要政府加强对非营利组织人力资源管理的关注。一方面,政府可以对非营利组织给予一定资助,将非营利组织的专业人才队伍建设和培训费用纳入政府的财政预算当中,非营利组织的人才培养就可以依靠各地的财政,设立人才发展与培训基金,吸引更多的年轻人加入非营利组织当中。另一方面,政府可以给予非营利组织相关的政策倾斜,例如适当给予税收优惠,并引导社会各类资金向非营利组织人力资源管理流入,从而形成政府、社会等多方资金投入,为营造良好的人力资源管理环境提供助力。

(三)建立合理有效的激励与保障制度

为促进非营利组织的健康发展,必须制定合理有效的激励与保障制度,降低人员的流失率。非营利组织可以制定合理的薪酬制度,定期开展知识竞赛,设立丰厚的奖品,吸引员工参与,促使员工及时更新知识储备,自觉加强学习。此种方法既可以降低人员的流失率,还可以提高员工的专业化程度。从社会保障的角度出发,非营利组织的工作人员必须按照法律的规定与非营利组织签订劳动合同,以保护自己的合法权益。国家方面也应出台更多保障非营利组织从业人员利益的政策,着力解决非营利组织专业人员的医疗和养老等生活各个方面的社会保障问题。

第二节 公共组织的人力资源管理

随着管理模式的不断转变,组织在进行人力资源管理的过程中,要及时对传统的人力资源管理模式进行调整,提高管理效率,对职能进一步优化,尤其是公共部门。公共部门在进行人力资源管理的过程中,要将人力资源管理融入公共服务中,加强对人力资源的规划和对人才的培训与考核。

众所周知,人力资源管理是组织管理中非常重要的部分,在企业的发展过程中发挥着非常重要的作用。尤其随着经济与社会的不断发展,只有在一些公共组织中进行有效的人力资源管理,才能更好地满足发展的需要。如今,社会对人力资源管理水平提出了更严格的要求,公共组织需要不断培养创新型人才,促进人力资源管理能力的提升,因为这影响着公共组织的发展,也将对人们的生活产生一定的影响。因此,需要对公共组织人力资源管理现状进行分析,了解其中存在的问题,并提出一定的解决策略,促使公共组织的人力资源管理实现信息化发展,逐步建立开放式人才选拔机制,明确管理责任,从而促进发展。

一、公共组织人力资源管理中存在的问题

在当前的公共组织人力资源管理中存在着一些问题,例如缺乏先进的管理理念、培训方式不规范、开发方式缺乏合理性、管理机制缺乏灵活性等,下面将具体阐述。

(一)人力资源管理理念落后

在公共组织的人力资源管理中,应体现用人公平性,进行合理的人才选拔,并促进选拔方式的创新,给人才提供展示才能的机会。但在一些对公共组织进行的调查中,发现大多数公共组织人力资源管理理念较为落后,没有对人事制度进行改革,只重视人才

的使用而轻视对人才的服务；没有在员工入岗前开展相关培训，激励机制不完善，使得人才流失较为严重；管理人员没有意识到人力资源管理的重要性，轻视了人的作用，使得整个公共组织工作效率较低。

（二）培训方式缺乏规范性

在人力资源培训中，应制订科学、规范的培训方案，采用多种方式改善培训效果，但在当前的公共组织人员培训中，一些组织忽略了对管理人员的培训，进而影响了整个人力资源管理的效果。此外，许多公共组织也缺乏对人才培训效果的监督管理，使得整体培训效果不佳。

（三）人力资源开发方式缺乏合理性

在当前的公共组织人力资源管理中，一些公共组织在引进人才方面缺乏配套的管理体系，没有给人才提供适合的发展环境。此外，一些公共组织在对员工进行分工时，存在分工不明确、职责混乱等问题，导致人力资源没有有效发挥作用。一些公共组织在人才培养中没有有效发挥自身的特性，人才培养体系较为单薄，新的管理方法无法有效应用，导致管理效率下降，阻碍公共组织的进一步发展。

（四）管理机制缺乏灵活性

在当前的公共组织人力资源管理中，一些组织没有建立健全人才选拔机制，特别是没有对人事制度进行深化改革，公共组织在人力资源开发上的投入严重不足。虽然公共组织的人事部门开展了一些人才管理工作，但在体制上还不健全，缺乏灵活性，在人才培养和引进上存在一定的障碍，不能促进人才的全面发展。

二、公共组织人力资源管理问题的解决对策

针对当前公共组织在人力资源管理方面存在的问题，应从树立科学的人力资源管理理念、完善人才选拔、加强人才培训机制的建立、促进人力资源管理方式创新等方面进行改进。

（一）树立科学的人力资源管理理念

对于当前的公共组织人力资源管理，应结合公共组织的发展特点，树立科学的管理理念，要认识到人力资源管理的价值，加强对人才的培养。人是组织发展的关键生产要素，应积极转变人力资源利用方式，树立以人为本的理念，在实践中不断加强对人才潜能的挖掘。尤其是在人才引进后，要落实相关措施，能够留得住人才，发挥人才的作用，促进组织利益的实现。

（二）促进人才选拔机制的完善

在社会发展过程中，要对人才进行有效的管理，可对人才进行跨行业的选拔和培养，完善选拔机制，建立更为开放的人才选用机制，给予人才更多的展示机会，提高人才的利用效率。除此之外，应建立科学的激励机制，对有突出贡献的人员给予一定的奖励，提高其工作积极性。在使用人才的过程中，应尽量做到人才之间的优势互补，促进资源的合理配置，保证工作的顺利开展。

（三）建立科学的人才培训机制

在经济与社会的发展过程中，公共组织要充分利用信息技术来进行人力资源管理。尤其是在人才培训的过程中，要对人才培训机制进行完善，结合信息技术对人才培训课程进行适当的调整，将理论与实践相结合，打造公共组织人力资源的管理特色，开展科学的培训和实践，提升公共组织人才的综合素质和业务能力，促使人才积极发挥主观能动性，更好地为公共组织的发展贡献力量。

（四）促进人力资源管理方式的创新

在当前的公共组织人力资源管理中，要应用先进的管理方式改善人才资源管理效果，不断创新，引入竞争机制，优胜劣汰，对一些业务能力较差的员工进行岗位调整，使得他们不断提升自身素质。在当前的网络时代下，应利用多种方式进行人才招聘，打造优秀的人力资源管理队伍，对公共组织的文化进行传播，促进人才发展环境的优化，改善公共组织人力资源管理效果。

在当前的公共组织发展过程中，进行有效的人力资源管理，能够使人才的优势得以发挥，对人力资源进行合理的配置，改善管理的效果。要深入剖析管理中存在的问题，采取针对性策略，创新管理方法，在人才选拔及培训机制建立与完善方面进行深层次应用，促进公共组织工作质量的提高，更好地为社会服务。

第三节 学习型组织的人力资源管理

学习型组织理论是当今较前沿的管理理论之一，它通过个人和组织的学习，将个人与组织的发展目标整合在一起，使组织持续保持创新能力和旺盛的生命力。随着社会的快速发展，工业时代已逐渐被知识经济时代替代，知识经济加速了企业的变革，企业持续的学习能力和创新能力成为企业核心竞争力的重要内容。在这种条件下，必须对传统的管理理念和模式进行更新。如今，企业竞争的焦点越来越多地聚集在人力资源上，企业人力资源的综合竞争力决定了企业能否在竞争中脱颖而出，学习型组织的人力资源管理是人力资源在管理理论和思想上的创新，是适应现代市场竞争的一种有效管理方式。

一、学习型组织理论与当代人力资源管理理论

对学习型组织的研究最早可追溯到20世纪60年代，此后，中外学者逐渐展开对学习型组织的研究，并取得长足的发展。学习型组织理论倡导"全员学习、自觉学习、终身学习"理念，号召员工进行"否定自我、超越自我、品格提升"，注重把员工自身的发展需要同企业的利益追求有机地结合起来，培养共同的愿景，激发员工的学习意识，突破能力上限，实现由靠制度、靠奖罚管理，转变为既靠制度管理，又靠自觉主动管理，由行政等级管理变为民主管理，这也是人力资源管理的新内容和长远发展目标。

人力资源管理理论倡导"人是第一资源"的理念，尊重员工的个人价值，激励员工发挥出最大的潜能，打造高素质的核心团队，以实现组织的长远目标，这与学习型组织理论中的"共同愿景"不谋而合。更为重要的是，人力资源管理重视员工的教育和培训，这些都可以通过创建学习型组织来实现。因此，将学习型组织理论与人力资源管理相结

合，可以起到相互促进的作用。

二、组织学习与人力资源管理的关系

有研究表明，人力资源与组织学习之间有着辩证统一的关系。组织成员的能力得到充分发挥，可以增强组织人力资源管理的有效性。

（一）人力资源开发与管理需要组织学习

1.组织学习适应了全球化的人力资源开发与管理

经济的全球化促使很多企业跨地域、跨文化经营，其中存在一些需要解决的新问题，如跨文化经营中的人才本土化，母公司与子公司的文化磨合，母公司帮助子公司构建有效的人力资源管理系统，有效地调动母公司与子公司员工的积极性以提高工作效率等。经济全球化在很大程度上改变了人们的观念和行为，企业想要适应这些变化，就必须树立企业全球观。企业全球观的培育是一个长期的过程，要不断进行企业文化的变革，建立全球性的知识库和通信系统，通过全球性的跨文化培训等方式来培育企业的全球观。此外，组织学习可以增强企业的学习和创新能力，有利于整合并更新组织信息，有利于建立全球性的战略协调机制。

2.组织学习有利于激励知识型员工

激励是人力资源管理的核心内容，在知识经济时代，知识型员工在组织中的比例越来越大，知识型员工是维持组织生存与发展的重要资源。根据需求层次理论，对知识型员工的激励应该是满足其较高层次的需求，即社交、自尊、自我实现等需求。学习是一种较高层次的需求，能够促进员工的社交、自尊、自我实现等高层次精神需求的满足。因此，组织学习是对知识型员工的有效激励方式，能够满足知识型员工高层次的需求，从而促使知识型员工最大限度地发挥其创造力。

3.组织学习是变革传统人力资源管理的需要

经济全球化改变了企业生存和发展的环境，加速了企业的变革，为了能够更好地适应这种变化，企业必须摒弃传统的控制型管理理念，实行现代化的指导与激励型管理理念，协调组织与员工的关系，注重组织的发展和员工的学习及创造能力，这些都会促使传统的企业人力资源管理发生重大变化。学习型组织能够将组织的发展与员工发展有机地结合起来，着重培育企业的凝聚力和创造力，使企业保持较强的竞争力。可见，通过组织学习建立学习型组织，能够适应人力资源管理体系变革的需要。

（二）组织学习离不开人力资源的开发与管理

人力资源是组织学习的主体，人是知识的载体，也就是学习的主体，因而是学习型组织的核心部分。知识经济时代，对员工的教育与培训是人力资源开发与管理的重要工作之一，且在现实背景下显得尤为重要和迫切。

良好的人力资源开发与管理有助于员工对组织内外部知识的学习。组织学习的过程是对知识的系统思考，即把个人的知识聚集化和系统化，使其符合"整体大于局部之和"的原则，这就要求组织激励员工把个体知识拿出来与大家共享，并创造一个合适的机会实现知识的共享。另外，组织文化与制度也起到了关键的作用，组织在提倡知识共享的同时应重视员工实现自我价值的需求。

因此，知识经济时代的人力资源管理，要求相关组织完成建设学习型组织的任务，建设学习型组织对于组织管理和人力资源管理都有十分重要的作用。根据彼得·圣吉的描述，建立学习型组织要汇聚五项修炼，即自我超越、改善心智模式、建立共同愿景、团队学习和系统思考。组织通过开展这五项修炼，可以形成一个较完善的组织学习体系，最终逐步建立成熟的学习型组织，提高组织的人力资源管理系统完善程度，为组织总体战略目标的实现奠定坚实的组织结构和人力资源基础。

三、学习型组织人力资源管理的新特点

学习型组织人力资源管理具有战略性。学习型组织将"学习"从个体层次的学习上升到组织层次，其人力资源管理也应从传统的员工招聘、培训、薪酬确定、绩效考核等目标任务上升到战略性人力资源管理，从而将人力资源管理的功能与组织的战略目标结合在一起。学习型组织理论把人力资源管理上升到战略管理层次。在不断发展变化的社会环境中，为发挥员工和组织的竞争优势，可以通过组织学习来提高人力资源的数量和质量，使人力资源开发与管理朝着组织战略目标方向发展。

学习型组织人力资源管理具有系统性。系统思考是研究和管理反馈系统的一种方法，是彼得·圣吉的五项修炼的重要方面。根据系统思考的观点，学习型组织不是相互

独立的组织单元，组织单元与整个组织的需求和目标联系在一起。系统观点认为学习型组织是由若干子系统构成的，这些子系统中首要的是学习子系统，其余子系统都是学习子系统的附属部分。系统思考要求组织对各个子系统有一个全面的认识，且要在运作的更大的内外部竞争环境中加以深化。学习型组织的人力资源管理必须使人力子系统与其余子系统密切配合、协调运作。

学习型组织的人力资源管理将学习定位为投资。学习型组织将学习看作公司对未来的投资而非耗费，组织必须维持一定的物资储备和知识储备。通过培训等学习活动对人力资本进行投资，是组织储备必要知识的过程。许多企业日益重视员工的培训，在人力资源方面提出"全员素质大提升"等培训计划，实际上就是对学习型组织理论的运用。通过教育培训向组织和员工传授知识是实现人力资源素质全面提高的方法，也是实现组织学习创造能力的过程。教育培训不仅是知识传授的过程，也是利用和开发人力资源的重要手段，通过教育可全面提高员工的整体素质，使员工的观念适应知识经济时代的要求，以实现人力资源开发的良性循环。

第四节 非政府组织的人力资源管理

近年来，非政府组织作为一支新兴的社会力量，伴随着广泛的经济、行政体制改革快速发展起来，在弥补市场缺陷方面发挥了不可替代的作用。然而相比发达国家而言，我国非政府组织还很不成熟，各方面问题突出。下面就以非政府组织的人力资源管理为出发点，着重从非政府组织的人员结构、人员选拔机制、绩效考核机制、激励机制等方面阐述非政府组织的人力资源管理中存在的问题，并从政府扶持、人员选拔机制、绩效考核机制、激励机制等方面对改善非政府组织的人力资源管理提出对策。

关于非政府组织，联合国新闻部将其理解为"在地方、国家或国际上组织起来的非营利性的自愿公民组织"。据民政部"中国社会组织政务服务平台"显示，截至2021年2月，全国各级民政部门共登记社会组织超过90万个。随着非政府组织数量的日益增加，其在弥补市场缺陷等方面发挥了不可替代的作用。然而，当前我国非政府组织面临一系列人员管理问题，如人力资源不足、人员流动性大、人员老龄化等。同时，其内部缺乏系统的人力资源管理制度，出现岗、责、权混乱，以及由此带来的运行乏力、效率低下、公信力缺失等问题，致使非政府组织所倡导的目标无法实现。根据战略人力资源管理理论，如何吸引优秀人才，如何使现有人力资源发挥更大的效用、促使组织战略目标的实现，是每一个非政府组织都必须认真思考的现实问题。

一、我国非政府组织面临的人力资源管理问题

相较于一些西方国家，我国的非政府组织发展还不成熟，其组织内部没有形成完备的人力资源管理体系，阻碍了我国非政府组织战略目标的实现。

（一）人员结构不合理

非政府组织的人力资源一般由有酬员工与志愿者等组成。有酬员工是指非政府组织内部职位较固定并领取薪酬的长期工作人员，包括领导者、管理者等管理主体，也包括执行者等一般获酬员工。志愿者是根据组织使命与工作任务的需要招募而来的为组织免费服务的人员。民政部民间组织服务中心的一项统计显示，从有酬员工角度看，非政府组织内专职人员比例约占60%，退休和兼职人员约占40%；在年龄结构方面，50岁以上的专职人员比例约为52%，30～50岁则为32%，30岁以下的仅占16%；而在学历结构方面，66%的专职人员只具备大专以下学历。这反映出我国目前的非政府组织人员结构较不合理，年轻、高学历的人员较少。

在有酬员工中，我国有相当大一部分非政府组织是通过获取自上而下的资源建立和发展起来的，它们有的是由各级党政机构直接创办，有的本身就是从党政机构转变过来的。在其专职人员中，有一部分人是由政府机构直接任命或者是政府机构的退休人员，使非政府组织的战略目标设立或多或少地受到政府机构的牵制，缺乏应有的独立性，这是造成我国非政府组织行政依附性严重的原因之一。由于受到政府管理体制的影响，我国非政府组织内部的管理模式大多采用政府组织的行政命令形式。

（二）缺乏科学的人员选拔机制

"人尽其才，人事相宜"是人员招聘的基本原则，但非政府组织的制度环境、组织性质、组织文化及价值观等因素导致其在人员选拔上与目前广泛采用的原则之间存在较大差异。

在我国的非政府组织中，志愿者占有较大比重，而目前绝大多数非政府组织没有系统科学的人员招聘机制，在招募志愿者过程中往往采用的是"广撒网"的招聘方式，由此带来三个问题：一是人员数量庞大，管理困难。由于非政府组织的非营利性特点，其财政来源主要依靠社会赞助与政府扶持，除支付组织内部雇员薪酬及项目建设需要的部分外，用于人员管理的资金极其有限，进而使得对志愿者的管理流于形式，对组织目标的实现带来不良影响。二是难以招聘到适合的人才，缺乏专业人才。不同的人加入非政府组织有着不同的目的，而由于非政府组织缺乏有效的人才选拔机制，在人员招聘过程中随意性较大，对人员知识、能力、特质及入职动机的认识和了解不足，招聘来的人员往往无法满足非政府组织的需要。三是人员流动性大。目前，很多非政府组织只是针对某个项目招募志愿者，在项目完成以后，志愿者的工作也就完成了，没有形成系统的人力资源储备机制，致使人员流动性大，不利于人才专业化培养。

（三）绩效考核执行不力

从企业与非政府组织的比较中可以看到，与营利性企业不同的是，非政府组织具有典型的非营利性、公益性及志愿性等特点。从考核动机上看，许多非政府组织领导者认为，参与非政府组织的人员，尤其是占绝大多数的志愿者，他们的入职动机是为社会服务，即"做好事"，也就没有必要对员工实行绩效考核。从财政支持上看，我国非政府组织由于是非营利性与公益性的，因此其本身可支配的资金有限。近年来，尽管我国学者及研究人员针对非政府组织的特殊性，在借鉴国内外经验的基础上提出了颇有建设性的非政府组织绩效考核政策建议，如"六维棱柱"绩效评估模型、"APC"绩效评估理论、"平衡计分卡"绩效评估模型等，但由于资金有限，绩效考核往往没有落到实处。从绩效考核指标上看，企业的一切活动都是以盈利为出发点，往往以能够量化的实际产出，如计件、计时效率及利润为绩效考核标准，考核指标直观，具有很强的客观性与准确性。而非政府组织以实现社会使命为经营准则，考核指标设计难度较大。我国现有的非政府组织绩效评估都是在沿用原有的评估基础上进行的，其指标体系设计主观性强，存在不科学和不全面等问题；指标以定性描述为主，缺乏进一步的细化和量化；侧重经济指标，而非货币性指标，如社会满意度、社会认同度、员工学习能力、员工创新能力等反映其社会使命的指标难以包含在内。

（四）缺乏有效的激励机制

根据现代管理的基本原理，工作的成绩和效果是能力和激励两个变量乘积的函数，所以激发个体的积极性应当是目前各种组织人力资源管理的重要任务之一。20世纪50年代兴起的内容型激励理论（又称需要理论）指出，人类的活动具有目的性，需要决定动机，动机决定行为，需要是动机的源泉，组织通过各种手段满足个人的需要，影响个人的动机，从而激发个人为组织工作的积极性。人们加入非政府组织正是为了获得个人需要的满足，这些需要包括获得合理的薪酬、取得社会的认可、履行社会责任和实现社会理想。

然而，目前，我国的非政府组织还没有真正体现对这些个人需要的满足，主要表现为以下几点：

第一，薪酬水平总体较低。2016年《中国公益组织从业人员薪酬调查报告》显示，北京市统计部门公布的2015年公益组织从业人员平均工资为7086元，而在参与调查的489个样本中，工资收入在7000元以下的群体占77.0%，3001～5000元的占34.9%，3000元以下的占23.2%。可见，公益组织从业人员薪酬水平较社会其他部门偏低。很多人认为非政府组织从业人员具有较强的奉献精神，所以薪资收入对于他们来说意义不大。然而，根据马斯洛需要层次理论可知，物质需要是人类最基本的需要，是维持个体生存以及实现社会需要、自我实现需要等高层次需要的基础。当前社会是以市场经济为主体的社会，如果最基本的物质需要都无法满足，员工的工作积极性将会逐渐消退。

第二，精神激励不足。目前成立的非政府组织中，志愿者数量占据大多数，许多具体事务都是由他们来完成的，但由于当前一些制度及群众意识等不成熟，许多国家存在行政部门或群众甚至全社会对志愿者的身份不认可的现象。志愿者为社会付出了辛劳，他们强调奉献，强调实现自我，但却得不到应有的认可。长此以往，这部分人所追求的社会理想无法实现，会导致非政府组织人员积极性不足、人员流动性大、人员"边缘态"、专业人才缺乏等现实问题。

二、我国非政府组织人力资源管理对策

高绩效、高产出是绝大部分企业或组织追求的目标，根据现代人力资源管理理论，人的问题是各种战略问题的核心，如何有效地利用本组织的人力资源，充分发挥好人力资源的能动性与高增值性，对于实现非政府组织的战略目标、提升其提供公共产品与服务的能力，具有广泛的现实意义。

（一）加大政府扶持力度

我国的非政府组织是改革开放以来，在经济体制、行政体制改革，以及政府职能转变的过程中以不同领域为基础发展起来的，具有较强的专业性与针对性，能够更有效地提供政府无法提供的公共产品与服务。同时，由于非政府组织具有民间性，与基层群众联系比较紧密，因而能够处理好政府因人员不足、专业性不强而无法处理或处理不好的事务。为了更好地发挥非政府组织的作用，政府要积极转变观念、深化认识，重视非政府组织在提供公共产品与公共服务方面的特殊作用，加大财政转移支付力度。要将非政府组织培育发展资金列入财政预算，设立非政府组织发展基金，建立公共财政对非政府组织的资助和奖励机制，扩大税收优惠种类和范围，彻底解决非政府组织人力资源管理资金短缺问题，为非政府组织发展创造宽松的经济环境。此外，政府要积极探索建立有效的合作、引导机制，可以通过公开招标、政府购买公共服务等方式进行。一方面，可以拓宽非政府组织的资金来源渠道。另一方面，通过政府招标、购买，引导同行业非政府组织参与合理竞争，促进非政府组织内部各项机制的不断改进与完善。

（二）建立健全人员选拔机制，改善人员结构

是否拥有一支专业化、高素质的人才队伍，对非政府组织能否提供优质公共产品与服务、履行社会使命具有决定性的意义。

1. 转变认识，树立人才观念

非政府组织要认识到人才在完成组织目标、社会使命方面的关键性作用，制定科学合理的人才发展战略。

2.制定规范的人员选拔标准

由于非政府组织的自发性、志愿性、非营利性及公益性等特征，其对人员的选拔也应具有特殊的要求。在对组织岗位、人员规划进行深入分析的基础上，按照人岗匹配原则选拔人员，明确招聘程序，除采用笔试来考察应聘者是否具有符合岗位要求的能力素质外，在面试过程中要重点考察其是否具有利他主义精神，是否具有崇高的社会理想。可运用非结构化面试或情景模拟面试结合人格测试等方法考察应聘者的入职动机。

3.建立高校人才联动机制

非政府组织在人员选拔过程中，可以利用其公益性积极深入高校选拔人才。一方面，在校大学生普遍接受过良好的教育，思想觉悟高，且年轻、专业性强、富有创造力。另一方面，在招聘过程中，可以扩大非政府组织在高校中的知名度，利于后续人才的储备。

（三）规范绩效考核

由于非政府组织的工作内容涉及政府、捐款人、提供产品和服务的对象及组织成员等多方面利益关系，所以对非政府组织的营运进行绩效评估就显得极其重要。非政府组织的领导者要转变观念，重视绩效考核。其必要性在于以下几点：

第一，绩效考核实际上是一种组织控制，无论什么样的组织，由于内外部因素的影响，其在运行过程中难免会出现偏差，这就需要绩效考核及时发现运行过程中存在的问题，从而采取纠偏措施，避免不必要的失误。

第二，由于员工在能力、素质及入职动机上存在着个体差异，对组织任务的完成度也有高低之分，通过绩效考核，对任务完成较好的员工可以给予适当奖励，激发员工的积极性；对任务完成较差的员工，可以及时发现其不足，帮助其改进、成长。

第三，建立科学的绩效考核指标体系与方法。在非政府组织中，由于其非营利性、公益性的特点，员工的绩效很难以量化的方式进行考核，所以可以借鉴企业在绩效考核中使用的行为导向客观考评方法，围绕员工的行为建立绩效考核体系。该方法的典型代表有四类，即关键事件法、行为锚定等级评价法、行为观察法和加权选量表法。这些方法的共同点是运用各种技术列举员工的工作行为，对员工在多大程度上可能出现这些行为做出定性或定量的评价。

（四）建立科学有效的人员激励机制

美国哈佛大学的威廉·詹姆斯教授在多年研究的基础上指出，如果没有激励，一个人的能力发挥将仅为20%～30%；如果施以适当的激励，将通过其自身努力使能力发挥出80%～90%。目前，我国一些非政府组织存在运行乏力、效率低下、人员流动性大、积极性不高等问题，与其缺乏科学有效的激励机制存在密切的关系。因此，建立非政府组织的人员激励机制显得尤为必要。

政府要积极促进非政府组织登记制度的规范化。由于法律、制度等原因，我国的非政府组织注册登记程序比较复杂，行政许可门槛过高，导致大量非政府组织的影响力不足，这些组织往往被学者称为"草根"组织。因此，加快相关立法工作，规范登记注册程序，对于扩大非政府组织影响力具有很强的现实意义。

建立合理的分类激励制度。弗雷德里克·赫兹伯格的"双因素理论"认为不满意的对立面并不是满意，消除工作中的不满意因素并不必然带来满意。该理论把那些用来消除不满意却不一定有激励作用的因素称为"保健因素"，而把做到了便能达到激励下属目的的因素称为"激励因素"。由于非政府组织人员构成主要为有酬员工和志愿者，而他们的入职动机存在差异，所以在激励方式上应当有所区别。对于有酬员工，组织应当建立起合理的薪酬体系，保证其基本的物质需要，即激发其积极性的"激励因素"，在此基础上创新组织结构，保证其社交、安全需要。而对于志愿者，更应关注其社会理想与自我价值的实现，可以采取给其颁发有效的工作证明与证书、在政府引导下与赞助商一道组织富有积极意义的文化活动，以及以非政府组织名义向政府部门推举优秀人员等激励举措。

第五节 公益组织的人力资源管理

近年来，公益组织不断发展壮大，然而在发展的过程中，公益组织也面临许多人力资源管理方面的问题，如招不到优秀的人才、人才流失严重等。人才是组织发展的根源，加强公益组织的人力资源建设尤为重要。要想促进公益组织进一步发展，就要针对目前存在的问题采取相应的对策，做好公益组织的人力资源规划、完善薪酬和社会保障体系、完善组织的激励制度、丰富培训体系并做好员工职业生涯规划等工作。

公益组织一般是指那些非政府的，不把利润最大化当作首要目标，且以社会公益事业为主要追求目标的社会组织。随着我国市场经济的发展及服务型政府的建设，公益组织在经济发展、文化建设及和谐社会构建等领域的作用日益凸显。但是，在社会发展过程中，一些公益组织出现了招不到人、用不好人、留不住人等人力资源问题。在倡导"以人为本"的社会，人是组织发展至关重要的因素，甚至关乎组织的存亡。因此，公益组织的发展和内部管理水平的提高亟需科学完善的人力资源管理与开发来保障。

一、公益组织人力资源管理中存在的主要问题

近年来，我国的公益组织已经有了很大的进步，正朝着积极的方向发展，对人才的需求也日益增加，但公益人才的发展现状仍有待改善，这也反映出一些公益组织在人力资源管理方面的问题。

1.无法吸引到优秀人才

第一，目前我国大多数的公益组织缺乏长远的人力资源规划。清华大学进行的一项调查的结果显示，我国公益组织专职人员比例极低，78.5%的组织中专职人员为9人以下。大多数组织都是什么时候有了项目，或者什么时候缺人才招聘人员，缺乏计划性，缺少对人才需求的预见性和对人力资源的供需判断，很难实现在迫切需要优秀人才的时候就有合适的人选。

第二，公益组织的特殊性对员工提出了较高的素质要求。公益组织的员工不仅要有较强的业务素质，而且要有较高的道德水平和奉献精神，这就从客观上增加了公益组织招聘到合适员工的难度。近年来，随着岗位专业化程度的提升，公益组织招到满意员工的难度也逐渐增大。

第三，由于受公益组织经费不足等的影响，较低的工资待遇难以吸引更多的优秀人才。公益组织的管理者在谈到员工招聘时，大多表示更加青睐于有一定公益组织工作经验的员工，而对应届毕业生和没有公益工作经验的基层员工需求仅为2.8%。然而，无法提供足够的待遇难以吸引到有经验的员工。

2. 缺乏对人才的合理利用和培养

人力资源需要开发和培育，这样才能发挥人的潜能，实现人尽其能，避免人力资源的浪费。然而，我国的公益组织缺乏完善的激励与约束机制，更多的激励体现在精神层面，通过薪资调整和晋升等方式的激励少之又少。不完善的激励环境使员工无法在有效率的状态下开展工作，无法实现人岗匹配，无法充分发挥个人的能力。并且，人们对公益组织服务质量的要求在不断提高，技术上的改革也要求员工具备新技能。因此，对员工进行培训，提高其素质和能力以应对各种挑战很有必要。但由于很多组织缺乏资金、工作繁重、人力不足等，未能给员工提供培训，或者未能给有员工提供更加多样化和有针对性的培训，也导致了公益组织在一定程度上缺乏创新精神。

3. 无法留住人才，人才流失严重

第一，就公益组织而言，要求员工有奉献精神且不计较个人报酬。然而，员工实现自我价值的前提是要先满足生存和安全的需要，随着家庭的组建或者某些原因，生活的压力增大，许多员工在有更好的工作机会的情况下很可能会选择离开公益组织。

第二，公益组织的保障制度不够健全。目前，仍有很多员工的社会保障没有落实，公益组织无法解决员工的后顾之忧也是人才流失的重要原因。我国公益组织志愿服务也缺乏相应的保障措施和保障制度，志愿者的合法权益很难得到保障。

第三，虽然公益组织价值认同和工作氛围良好，但大部分公益组织缺少员工的职业生涯发展规划，在很大程度上降低了员工的工作满意度，使员工缺乏职业安全感，公益组织不能很好地为员工提供培训和学习的机会，满足不了员工的进步需要，这就很容易导致员工对组织缺乏信任和忠诚度。

二、公益组织人力资源管理对策

长期以来，我国公益组织在人力资源管理方面存在很多问题，导致公益组织的能力提升较慢，缺乏对人力资源的有效管理，直接制约了我国公益组织的进一步发展。因此，需要政府、社会、公益组织等共同努力，促进公益组织的良性发展。

1. 制定合理的人力资源规划

人力资源规划是在系统地了解组织中人力资源现状和需求的基础上，以组织目标为指导的系统战略工程。公益组织专职人员少且流动性大，公益组织的活动多以项目的形

式存在，临时性强，所以公益组织的人力资源规划不能简单地从人员数量上进行分析，而应具有预见性和前瞻性。要及时掌握岗位数量和人岗配置情况，在了解了内部配置的基础上进行岗位需求分析，合理预测人员需求。做好人力资源规划，能够更好地保障公益组织各项工作的有效开展。

2. 完善薪酬和社会保障体系

薪酬是劳动者劳动的货币表现，合理的薪酬是对劳动者价值的尊重，也是吸引人才的重要因素。公益组织要想建立完善的薪酬体系就要全面考虑内外部因素，如法律政策、当地的生活水平和劳动力市场供求等外部因素，也要合理考虑组织的发展目标、运行情况以及财力状况等内部因素。公益组织要完善薪酬管理，除了自身管理水平的提高以外，还需要社会的关注和政府的资金投入、企业的捐赠等。此外，构建完善的薪酬体系不可或缺的是社会保障制度的保障支持，进一步完善员工"五险一金"的缴纳机制等，解除员工的后顾之忧。

3. 完善组织的激励机制

不同的组织由于性质、工作内容不同，在对员工的激励方式上也有差别。公益组织应贯彻以人为本管理理念，将内部激励与外部激励相结合，增强员工的责任感和集体荣誉感，肯定员工的价值，保持对员工的尊重，加强员工之间的沟通交流，实现员工的自我激励和相互鼓励。组织应当积极营造良好的社会影响力，通过外部激励增强员工的组织认同感。

4. 丰富培训体系，做好员工职业生涯规划

一个组织要想不断发展壮大，就应不断提高其服务能力和水平，就必须对员工进行培训。对员工进行培训有利于提升员工的素质，使员工获得必要的知识技能，实现自我能力的提升。公益组织对于员工的培训不能仅靠其他组织的帮助，培训形式也不可单一，对于不同的员工、不同的岗位要有不同的培训方式。培训内容应多样化，除了知识技能培训，还应开展一些拓展活动，以培养员工的组织认同感和归属感。同时，做好员工的职业生涯规划，也是公益组织留住人才的关键。做职业生涯规划可以促使员工对自己的职业发展进行规划设计，有利于实现个人价值目标。职业生涯规划能够激发员工的积极性，既能充分发挥员工的潜能，为员工提供晋升空间，也能为公益组织培养人才，利于公益组织更好地发展。

第四章 绩效管理

第一节 绩效管理概述

一、绩效管理相关概念

（一）绩效管理的内涵

所谓绩效，就是员工在工作过程中所表现出来的与组织目标相关的并且能够被评价的工作业绩、工作能力和工作态度。

绩效管理是指制定员工的绩效目标并收集与绩效有关的信息，定期对员工的绩效目标完成情况进行评价和反馈，以改善员工工作绩效并最终提高企业整体绩效的制度化过程。绩效管理的目的在于提高员工的能力和素质，提高公司绩效水平。

（二）绩效管理的意义

企业无论处于哪个发展阶段，绩效管理对于提升竞争力都具有巨大的推动作用，因而企业进行绩效管理是非常必要的。绩效管理不仅能促进企业和个人绩效的提升，而且能促进管理流程和业务流程的优化，最终保证企业战略目标的实现。

1.绩效管理促进企业和个人绩效的提升

绩效管理通过设定科学合理的组织目标、部门目标和个人目标，为企业员工指明了努力的方向。管理者通过绩效辅导沟通及时发现下属工作中存在的问题，给下属提供必要的工作指导和资源支持；下属通过工作态度以及工作方法的改进，保证绩效目标的实现。绩效管理能使内部人才得到成长，同时吸引外部优秀人才，使人力资源能满足企业发展的需要，进而促进企业绩效和个人绩效的提升。

2.绩效管理促进管理流程和业务流程优化

企业管理涉及对人和对事的管理，对人的管理主要涉及激励和约束问题，对事的管理主要涉及流程问题。在绩效管理过程中，各级管理者都应从企业整体利益出发，尽量提高业务处理效率，不断优化调整，使企业运行效率逐渐提高，并在提高企业运行效率的同时，逐步优化企业管理流程和业务流程。

3.绩效管理保证企业目标的实现

企业一般有比较清晰的发展思路和战略。管理者将企业的年度经营目标根据各个部门、各个岗位进行分解，制定每个部门和岗位的关键业绩指标。对于绩效管理而言，企业年度经营目标的制定与分解是比较重要的环节，这个环节的工作质量对于绩效管理的效果起到了非常关键的作用。绩效管理能协调企业各个部门，促使员工朝着企业预定目标努力，进而形成合力，最终促进企业经营目标的完成，保证企业近期发展目标以及远期目标的实现。

（三）绩效管理与绩效考核

绩效考核是对员工的工作绩效进行评价，以形成客观公正的人事决策的过程。绩效考核以制订考核计划开始，接着确定考评的标准和方法，对员工前一阶段的工作态度、工作业绩等进行分析与评价，最后将考核结果运用到相关人事决策（解雇、加薪、晋升等）中去。

1.绩效管理与绩效考核的关系

绩效考核是绩效管理不可或缺的组成部分，绩效考核可以为企业的绩效管理的改善提供资料，帮助企业不断提高绩效管理的水平和有效性，使绩效管理真正帮助管理者改善管理水平，帮助员工提高绩效能力，帮助企业获得理想的绩效水平。绩效管理以绩效考核的结果作为参照，管理者将考核结果与考核标准进行比较，寻找两者之间的差距，从而提出改进方案，并推动方案的实施。

2.绩效管理与绩效考核的区别

从涵盖的内容来看，绩效管理的内容更丰富。绩效考核更多的是强调员工考核的结果，侧重于判断和评估；而绩效管理不仅包括上述内容，还着重强调对绩效信息的分析，侧重于信息沟通与绩效提高。从实施的过程来看，绩效管理更加完善。绩效考核包括考核标准的制定与衡量、绩效信息的反馈，注重员工的绩效结果；绩效管理是一个完善的管理过程，作为一种管理模式贯穿于企业运作的始终，具有延续性与灵活性，更注重对员工的行为与结果的考核。

从实施的角度上看，绩效管理更注重从组织的战略整体出发。绩效考核以员工或部门为基础，强调对员工或部门的工作绩效的衡量；但绩效管理更加强调从整体、战略的高度出发，注重员工与管理者之间的沟通。其实对于很多企业来说，虽然讲的是"绩效管理"，但实际操作的通常是"绩效考核"。这两个概念的混淆已经成为企业绩效管理中的一大误区。要想顺利进行绩效管理，企业必须纠正错误的认识，将组织的绩效管理系统与组织的战略目标联系起来，把绩效管理视为整个管理过程中的一个有效工具。

二、绩效管理系统的设计

绩效管理系统是一套有机整合的流程系统，专注于建立、收集、处理和监控绩效数据。它既能增强企业的决策能力，又能通过一系列综合平衡的测量指标来帮助企业实现战略目标和经营计划。

绩效管理系统的设计包括绩效管理制度的设计与绩效管理程序的设计两个部分。绩效管理制度是企业实施绩效管理活动的准则和行为的规范；绩效管理程序的设计又分为管理的总流程设计和具体考评程序设计两部分。

绩效管理的总流程设计包括五个阶段，即准备阶段、实施阶段、考评阶段、总结阶段、应用开发阶段。

（一）准备阶段

1.明确绩效管理的对象以及各管理层级的关系

一般情况下，绩效管理会涉及五类人员，一是考评者，涉及各层级管理人员（主管）、人力资源部门专职人员。二是被考评者，涉及全体员工。三是被考评者的同事，涉及全体员工。四是被考评者的下级，涉及全体员工。五是企业外部人员，涉及客户、供应商等与企业有关联的外部人员。

在绩效管理的过程中，根据不同的考评目的，有时需要由多方人员共同对被考评者进行全面的考评，有时也可能是部分人员分别对绩效进行考评。

2.根据绩效考评的对象，正确地选择考评方法

在确定绩效考评的对象的情况下，首先应当解决采用什么方法进行绩效考评的问题。据不完全统计，自20世纪30年代以来，国外管理学派已经提出了近20种适用于企业不同类别岗位人员的考评方法，这些方法具有不同的特点和适用范围。

3.根据考评的具体方法，确定绩效考评要素

绩效考评要素一般应包括被考评者的工作成果、其在劳动过程中的行为表现及其潜质（心理品质和能力素质）。

4.对绩效管理的运行程序与实施步骤提出具体要求

具体要求包括确定考评时间、考评期限和工作程序等。

（二）实施阶段

实施阶段是在完成企业绩效管理系统的设计的基础上，组织全体员工贯彻绩效管理制度的过程。在这个过程中，无论是上级还是下级，无论是绩效的考评者还是被考评者，都必须严格地执行绩效管理制度的有关规定，认真地完成各项工作任务。企业绩效管理在实施阶段应当注意两点，一是通过提高员工的工作绩效来增强核心竞争力；二是收集信息并注意资料的积累。

（三）考评阶段

考评阶段是绩效管理的重心，不仅关系着整个绩效管理系统运行的质量和效果，也涉及员工的当前利益和长远利益，需要人力资源部门和所有参与考评的主管高度重视。企业应注意从五个方面做好考评的组织实施工作，即考评的准确性、考评的公正性、考评结果的反馈方式、考评使用表格的再检验、考评方法的再审核。

（四）总结阶段

总结阶段是绩效管理的一个重要阶段。总结阶段不仅是上下级之间进行绩效面谈、沟通绩效信息、相互激励的过程，也是企业对整个绩效管理体系，乃至总体管理状况和水平进行必要的检测、评估和诊断的过程。

在总结阶段要完成的工作有：第一，各考评者完成考评工作，形成考评结果的分析报告（包括上下级绩效面谈记录在内的各种相关资料的说明）；第二，针对绩效诊断所

揭示的各种现存问题形成详细的分析报告；第三，制订下一期企业员工培训与人力资源开发计划，薪酬、奖励、员工升迁与补充调整计划；第四，汇总各方面的意见，在反复论证的基础上对企业绩效管理体系、管理制度、绩效考评指标和标准、考评表格等相关内容制订具体计划。

（五）应用开发阶段

应用开发阶段是一轮绩效管理的终点，也是下一轮绩效管理工作的起点。此阶段应从四个方面入手，进一步推动企业绩效管理的顺利开展。

第一，考评者绩效管理能力的开发。第二，被考评者的绩效开发。第三，绩效管理系统的开发。第四，企业组织的绩效开发。

三、绩效管理系统的运行

绩效管理系统在运行过程中可能会遇到很多困难，主要原因通常有两个，一是系统故障，即考评的方式方法、工作程序等设计和选择不合理；二是考评者以及被考评者对系统的认知和理解存在偏差。为了保证绩效管理系统的有效运行，企业各级主管应当掌握绩效面谈的方法和技巧，并且能够及时做出绩效诊断，协助员工改进绩效。

（一）提高绩效面谈质量的措施

1.做好绩效面谈的准备工作

为了保证和改善绩效面谈的质量和效果，考评者应当注意做好两项准备工作，一是拟定面谈计划，明确面谈的主题，预先告知被考评者面谈的时间、地点，以及准备各种绩效记录和资料；二是收集各种与绩效相关的信息资料。

2.采取有效的信息反馈方式

在绩效面谈中，企业仅仅要求员工回顾和总结自己的工作绩效是不够的，还必须使考评双方对组织的状况和下属员工的绩效有深入、全面、具体、清晰的认识。因此，为保证绩效面谈的质量，企业除了应做好绩效面谈前的各种准备工作，更重要的是采取有效的信息反馈方式，使得信息反馈具有针对性、真实性、及时性、主动性和适应性。

（二）绩效诊断与绩效改进

1.绩效诊断

绩效诊断就是分析引起各种绩效问题的原因，通过沟通寻求员工支持与了解的过程。绩效诊断的作用在于帮助员工制订绩效改善计划，作为上一循环的结束和下一循环的开始，连接整个绩效管理循环，使绩效不断循环上升。影响绩效的原因非常多，除了能力素质，还有企业内外部环境的影响。企业要想有效提高绩效，建立绩效诊断系统非常重要。绩效诊断的主要内容包括以下几个方面：

（1）对企业绩效管理制度的诊断

现行的绩效管理制度在执行的过程中哪些条款得到了落实，哪些条款遇到了障碍难以贯彻，绩效管理制度存在哪些明显不科学、不合理、不现实的地方，等等。

（2）对企业绩效管理体系的诊断

绩效管理体系在运行中存在哪些问题，各子系统相互协调配合的情况如何，目前亟待解决的问题是什么，等等。

（3）对企业绩效考评指标和标准体系的诊断

绩效考评指标和标准体系是否全面完整、科学合理、切实可行，有哪些指标和标准需要修改、调整，等等。

（4）对企业考评者的诊断

在执行绩效管理的规章制度以及实施考评的各个环节中，有哪些成功的经验可以推广，有哪些问题亟待解决，考评者自身的职业素养、管理素质、专业技能存在哪些不足，等等。

（5）对企业被考评者的诊断

在企业绩效管理的各项活动中，员工持何种态度，态度有何转变，实际工作取得何种成果，职业素养有哪些提高，等等。

2.绩效改进

绩效管理的目的不仅是建立员工薪酬、奖惩、晋升等人事决策的依据，更重要的是促进员工能力的不断提高及工作绩效的持续改进。

所谓绩效改进，即确认组织或员工的工作绩效的不足和差距，查明原因，制订并实施有针对性的改进计划，不断提高员工竞争力的过程。绩效改进计划通常是在管理者和员工进行充分沟通之后，由员工自己提出，管理者予以确认后制订的。改进的内容通常包括绩效改进项目、改进原因、目前的水平和期望的水平、改进方式及达标期限等。

（三）绩效管理中的矛盾冲突与解决方法

由于管理者与被管理者、考评者与被考评者所处的位置不同，观察问题的角度不同，权责与利害关系不同，因此两者在绩效管理中不可避免地会出现一些矛盾和冲突。因此，各级主管需要掌握并运用人事管理的手段，通过积极有效的面谈，抓住主要矛盾和关键性问题，尽最大可能及时地化解冲突。建议采用以下几种方法：

第一，在绩效面谈中，企业主管应当做到以行为为导向，以事实为依据，以制度为准绳，以诱导为手段，本着实事求是的态度与下属进行沟通交流。

第二，在绩效考评中，一定要适当区分过去的、当前的以及今后可能的目标，将绩效考评的近期目标与远期开发目标严格区分。

第三，适当下放权限。比如，原来由主管负责登记下属的工作成果，改为由下属自己登记。

（四）设计绩效评估系统的五大原则

建立有效的绩效评估流程，要求企业明确自身定位，让全体员工明白绩效评估是唯一的正式沟通渠道，领导者与员工都有责任和义务利用好此渠道。定位清楚后，企业应设计适合自身的绩效系统。

1.目标要清晰

大量调研结果显示，员工对领导者最大的意见就是"目标不清晰"。领导者在没有充分准备的情况下，将一个不清晰的目标传达给员工，双方会因此产生种种误会。所以，领导者必须花时间厘清绩效评估工作，明确目标，这比任何激励机制都更有效。

2.设计自己的关键绩效指标

当前，管理层面临的人力资源管理方面的最大挑战就是怎样提升员工对工作的投入度。如果要员工全身心投入工作，则最好让员工自己设定自己的工作目标。在每年设定新目标之前，领导者应将工作思路、策略同员工谈清楚，然后让员工设计工作目标；下次见面时，员工向领导者阐释其目标和计划，并说明可行性。这样领导者就可以更了解自己的员工，同时，从员工设定的目标里，领导者可以看清员工的思维方式，有时会收获意外惊喜。当然，这需要很大的时间成本，而且不太适合新员工。

3. 制订并完成个人提升计划

有效的绩效评估流程应该包括员工个人提升计划。业务目标的评估固然重要，但员工个人提升计划的评估亦不可省去。领导者除了要与员工一起制订个人提升计划外，还应该帮助员工完成计划。比如，如果员工在个人提升计划中列出"报读某商学院"，那么领导者需要尽量做出相应的配套安排，帮助员工实现计划。

4. 确保沟通频率

绩效评估是领导者与员工建立有效沟通的好机会，因此绝不能一年才沟通一次。相隔时间太长，沟通很难顺畅。建议保证每季度沟通一次，沟通地点不一定是很正式的场合，沟通可以在吃饭、喝咖啡时进行，只要沟通内容能覆盖绩效评估中应沟通的内容即可。同时，沟通中领导者要让员工展现自己过去的业绩，即使领导者已知道，也需制造机会让员工直接表达并给予其认可。

5. 保持良好的沟通心态

其实，绩效评估应改为"绩效沟通"，领导者的出发点应该是沟通而不是评估。沟通不仅能让领导者了解员工的工作进度，更能了解员工处理事情的方式方法并及时为其提供需要的帮助。领导者在与员工进行沟通时，要抱着帮忙的心态，以便实现有效沟通。绩效评估难免要讨论员工"需要改善"的地方，当谈到这些问题时，领导者必须态度真诚，对事不对人，希望员工进步。领导者的责任是将员工的潜力尽量发挥出来，所以一切沟通、反馈都应该基于此目的。

（五）绩效管理系统的检查、评估与改进

1. 绩效管理系统的检查与评估

企业之所以要构建并完善绩效管理系统，是为了实现组织发展、员工效能提高等基本目标。科学有效的绩效管理系统应当充分地体现人事决策及开发人力资源的双重功能。为了检查和评估绩效管理系统的有效性，企业通常可以采用以下几种方法。

（1）座谈法

通过专题座谈会，企业可以广泛征询各级主管、考评者与被考评者对绩效管理制度、工作程序、操作步骤、考评指标和标准、考评表格形式、信息反馈、绩效面谈、绩效改进等方面的意见，并根据会议记录撰写分析报告，针对目前绩效管理系统存在的主要问题提出具体的调整方案和改进建议。

（2）问卷调查法

有时为了节约时间，减少员工之间的干扰，充分了解各级主管和下属对绩效管理系统的看法，企业可以预先设计一份能够检测系统故障和问题的调查问卷，然后发给相关人员填写。企业采用问卷调查的方法，有利于掌握更详细、更真实的信息，对特定的内容进行更深入、全面的剖析。

（3）工作记录法

为了检验管理系统中考评方法的适用性和可行性，企业可以采用查看绩效管理原始记录的方法，做出具体的评价，判断考评的结果是否存在问题。如通过查看各个下属单位的奖励记录，企业可以发现绩效考评被利用的程度；通过查看绩效面谈的记录，企业可以发现绩效面谈中存在的问题；等等。

（4）总体评价法

为了提高绩效管理的水平，企业可以聘请企业内外的专家，组成评价小组，运用多种检测手段，对企业绩效管理系统的总体功能、总体结构、总体方法、总体信息以及总体结果进行分析。

2.绩效管理系统的改进

为了保障绩效管理系统的正常运行，提高该系统的有效性和可靠性，充分发挥该系统的双重功能，企业应当对总体系统进行诊断和分析，及时发现问题，查找原因，进行必要的调整和改进。

第二节 绩效管理的变革与创新

绩效管理是企业人力资源管理的重要组成部分，保障着企业日常工作的顺利运行，激励着员工奋发图强。随着社会的不断发展和进步，绩效管理也随着企业发展模式、经营模式的改变而变化。绩效管理从传统的财务指标性考核出发，发展得更为全面化和系统化，在这些变化过程中，战略性绩效管理、适应性绩效管理等专业术语开始出现。绩效管理的方法不断推陈出新，紧跟时代变化自我完善和自我创新。从大局的角度来说，绩效管理水平的提高与企业的管理理念息息相关，企业管理者将绩效管理手段应用于各部门，能够增强部门之间的融洽性，提高绩效管理的效率和实用性。从细节上来看，绩效管理需要系统化的方法，涉及企业运行的各个环节，才能够更好地帮助企业走向现代化。

一、绩效管理的发展沿革

绩效管理的最终目标是实现组织的绩效改善，虽然绩效管理的概念直至20世纪70年代才被明确提出，但绩效管理和绩效改善的思想却始终紧密围绕着管理学的发展而发展。从绩效管理工具的角度来看，绩效管理的发展历经了一个多世纪。20世纪初出现了以财务比率为基础的杜邦分析法，倡导通过考察企业的投入资源与既得收益之间的关系来评价企业绩效，明确了量化绩效指标的思想。20世纪20年代，企业发展处于以生产为导向的时代，通常采用更加多元化的财务指标来考察绩效，包括现金流量变化、资产负债率、利润率等。这种以财务数据衡量绩效的思路持续了半个世纪之久，直至20世纪70年代，奥布里·丹尼尔斯提出"绩效考核"的概念，由此引出了关键绩效指标工具，即通过对组织内部流程的输入和输出的关键参数进行设置、取样、计算、分析，以衡量绩效。

综上所述，企业经营模式经历了从以产品生产为中心到以营销和客户服务为中心的转变。为迎合这一趋势并持续改善企业的经营状况，绩效管理也经历了从单纯的财务指标向客户的、全面的绩效指标的转变。

二、绩效管理的观念革新

传统的绩效管理是需要以"经济人"为基础的。伴随着社会的不断进步，绩效管理也更加全面，涉及企业的员工、领导层等，也拥有了更加规范化的战略部署。

在传统的绩效管理模式下，某些企业管理者将员工当作获取利益的工具，认为其领着企业的报酬就应当无条件地为企业服务。这些企业管理者看重的是企业效益，为了控制企业的运营成本，会选择最大限度地降低支出，员工的福利待遇很差。同时，企业员工也认为企业付给自己报酬，自己为企业工作，两者之间只是单纯的雇佣关系，一旦有更高报酬的工作出现，企业员工会毫不犹豫地选择离开。从上述情况可以发现，企业只能够通过严格的规范制度去约束员工的行为，以期降低企业成本；员工也只愿意做自己职责内的事情，对其他可能发生问题的情况毫不关心。而全面实施绩效考核则能够有效解决这些问题，其在管理上能够拉近企业和员工之间的距离，更有助于企业的进步和发展。

战略绩效管理观念指的是企业期望通过规范化的管理体系达到预期的管理目标，战略绩效管理是一个独立的绩效管理系统，这个系统的规则主要包括以下两个方面：第一，合理、科学的管理模式，一定要契合企业的日常运营。第二，在实际管理过程中一定要严格按照绩效管理制度进行考核，定期宣布考核结果，绩效评定的对象也必须覆盖到企业的大部分员工和岗位，针对评定的结果要对员工有适当的惩罚和奖励，从而更好地实现绩效考核的目标。

企业实行战略绩效评定有着几个方面的突出特点：

第一，能够分解企业的长期战略目标，并逐步实现，在实际运营过程中能够及时发现问题并解决问题。

第二，要建立起全方位的考核体系，考核要涉及每位员工。

第三，将企业的战略目标和员工的工作联系起来，建立起权责分明的管理体制。

第四，高度重视企业发展过程中的每个成果。

三、绩效管理目标革新

虽然在员工绩效考核过程中存在很多考核内容、考核方式的变革，但其中很多内容在实际考核过程中并没有发挥出太大的作用。例如，有的企业领导为了调节同事之间的关系，避免出现摩擦，会选择在考核打分的时候给予差异不大的分数，不能严格按照员工的表现去评定。与此同时，传统的绩效管理系统需要的是员工实打实的工作业绩，这在一定程度上也使得员工和领导之间的关系过于紧张。因此，出于鼓励员工的考虑，企业可以依据员工在工作中的投入情况而进行绩效考核，分别从整体成果和个体成果、宏观成果和微观成果等角度来考虑。在考核的过程中，企业应注意不断调整员工对工作的热情，鼓励他们端正自己的工作态度，以积极的状态投入工作中。其中，员工在工作中的投入是指员工的工作态度没有问题，能够尽力去完成工作任务，包括对工作的投入程度、工作积极性等。

四、绩效管理对象革新

在传统的绩效管理模式中,企业的评估对象是在职的全体员工;随着绩效管理的不断发展,企业将考核的对象重新进行细分,使得考核更加准确和完善。

(一)团队的绩效管理

团队的绩效管理更为复杂和烦琐,需要综合考虑几个方面的因素,包括企业的外部环境、每个成员的投入程度和团队成员之间的融洽度。只有综合考虑到这三个因素,才能够帮助团队形成良好的运行机制。

(二)对核心员工的绩效管理

尽管企业的核心员工数量在企业当中占据很少的比例,但却掌握着企业经济的发展命脉。因此,企业对于核心员工的绩效考核显得尤为重要。绩效管理是涉及管理者和被管理者双方的一项工作,管理者一定要和核心员工建立起良好的沟通,在考核方案的制定上多听取他们的意见,并注重公平性。

(三)对高层管理者的绩效管理

传统的绩效考核将重点放在了对基层员工的考核上,一般这种考核都是由高层管理者去制订方案和实施的,但是这种模式在运行当中出现了一个很严重的问题,即没有对高层管理者进行考核的体系,使得高层管理者往往将任务下派给了员工,让员工倍感压力,而高层管理者则"无事一身轻"。因此,为了杜绝这种情况的出现,对高层管理者进行绩效考核是很有必要的,企业鼓励高层管理者在员工中起到模范带头作用,对企业进步和发展起到促进作用。

随着社会的不断发展,企业的绩效管理制度也应与时俱进。绩效管理需要系统化的体系,需要是各个环节的配合,只有将整个过程都控制得很好,才能够达到预期的效果。在这个过程中,需要企业领导者、绩效考核制定者和员工等共同努力,才能够促进企业长远发展。

第三节 知识团队绩效管理

在现代企业或组织的竞争资源中,互联网信息化带来的知识更新速度超过了以往任何一个时代,知识竞争结果直接决定了企业的未来发展。因此,知识团队对于各组织的重要性不言而喻。而如何有效整合整个知识团队的凝聚力,绩效管理在其中发挥着重要作用。

知识团队的绩效管理是一个强调发展的过程,目标之一是建立学习型的组织,最终目标是建立知识团队的绩效文化,形成有激励作用的工作氛围。根据知识团队从事创造性工作的特点,以效率型指标、效益型指标、递延型指标和风险型指标作为对知识团队绩效考评的依据,采用结果导向的思维方式和建立绩效契约来进行绩效管理,对绩效计划、绩效实施、绩效评价、绩效奖励等绩效管理重点方面进行考核,以增强知识团队的绩效管理效果。

一、知识团队绩效管理的前提——绩效契约的建立

知识团队中必然有管理者与队员的分工,知识团队的特殊之处在于其专业性较强。在难以获得同时具备领导才能和专业知识的人才的时候,一些企业或组织往往更偏向于用略懂专业的"外行"管理者与真正的"内行"团队成员来组成团队。这种关系使上对下的监督转变为自我监督,从而避免在管理知识型员工时出现"信息不对称"问题。因此,绩效契约就成了知识团队绩效管理的前提。

二、知识团队绩效管理的过程

（一）制订团队绩效计划

知识团队的工作目标和发展目标比较明确，绩效计划的制订可以围绕着这两个方向而展开。

1.工作目标

知识团队的建立往往是任务导向型的，所以团队的工作目标往往非常明确。在此前提下，要对团队内部每个成员进行具体的分工，责任到人，要让每个员工都非常清楚自己的工作目标。为防止在具体工作过程中出现偏差，优秀的管理人员应该懂得简单的物质激励对团队成员的作用仅能维持到其达到自己的短期目标，而要想达到长期的目标，则要根据知识型员工的特点，多强调团队的整体宗旨，让团队成员了解自己在整个团队中的贡献，认识到自己的价值，引起管理上的共鸣。

2.发展目标

团队工作目标的实现，是成员具体行为一步步落实的结果。因此，团队成员的工作行为表现，应该要保证团队工作主要目标的实现。强调发展团队的目标既可满足团队发展的需要，也可为队员个人赢得利益。团队在制定发展目标时，要特别注意以下几个方面：

第一，重视团队成员个人发展目标。

第二，团队成员有权决定自己的发展目标。

第三，单位提供的培训和发展活动应支持所确定的工作目标的实现。

第四，选择的培训和发展活动应符合团队成员的学习风格。

（二）绩效管理过程中的指导

1.辅导和咨询

辅导和咨询是一个改善团队胜任特征（行为）和技能的过程。进行辅导和咨询要达到的主要目的有两个，第一，帮助团队随时了解个人和团队整体的工作进展情况，确定双方的目标是否出现偏差。第二，使工作过程变成一个学习过程，要避免无效辅导，要让员工个人和团队整体都得到成长和进步。

2. 进展回顾

工作目标和发展目标的实现对企业的成功至关重要，应定期对其进行监测。因此，工作每进行到一个阶段，需要团队全体成员坐下来进行详细、深入的沟通，对工作的进展情况要有一个回顾和总结。管理者应扮演积极的倾听者，同时起到沟通协调的作用，包括发现团队成员可能需要的帮助等。团队其他专业成员之间也要有深入的沟通，针对出现的冲突进行协商并找出解决办法，如果有必要，可以调整所设定的工作目标和发展目标。

3. 自我监控

知识团队的组织以扁平化和分散化形式居多，必须鼓励团队进行自我管理，团队成员要能够管理自己的工作并实现较好的绩效，而不过多地依赖领导的督促。团队成员也可以从同事那里获得对自己工作的指导和反馈，主动、随时回顾自己的工作内容，对自己的绩效进行判断，并根据结果调整自己的计划。

（三）绩效评价

知识团队的绩效可以用以下四类指标进行综合判断。

1. 效益型指标

效益型指标是比较直观的绩效评价指标，也是用来评价知识团队工作成果的最直接的依据。需要特别指出的是，由于知识团队具有成果的创造性特点，在明确知识团队的效益型指标时，要分清目标顾客的要求、需要和期望，对于知识团队的绩效契约来说，需要满足的是能够以正式形式定义清楚的要求，而不是需要或期望。效益型指标是判断知识团队在多大程度上做了正确的事。

2. 效率型指标

效率型指标用来反映团队投入和产出之间的关系。对于知识团队来说，其创造性的特点决定了效率型指标对其工作成效的评价非常重要。目标顾客要获得团队的成果、要求得到满足，只能是在合理的投入范畴之内；对团队的成员来说也同样如此。效率型指标是为了判断知识团队以什么代价将该做的事做正确。

3. 递延型指标

如果绩效衡量仅仅是对历史结果的追溯，那么对团队的绩效管理而言就太短视了。利用递延型指标考评知识团队绩效时，已经突破了仅仅对当下的考虑，递延型指标是一种面向未来的指标，可以为未来决策提供参考依据。

4.风险型指标

所谓风险型指标，是指判断风险因子的数量和对团队成员及团队交付物的危害程度的指标。知识团队的工作成果是其给目标顾客的交付物，但由于其创造性的工作特点，其工作充满了各种不确定性，风险时时处处存在，因此时时面临着"做好了不一定给团队带来益处，但做差了则会给团队带来损失"的局面。

在绩效考评中，以上四个指标往往是综合运用的，以此来对知识团队做出较全面的评价。

（四）奖励绩效

一旦确定开始实施绩效考核，员工只要能够达到或者超过绩效标准，就应该给予奖励。但由于知识团队员工对于个人获得成长和尊重也非常重视，所以奖励的方式不应仅限于物质奖励，而应多样化，企业管理者可以考虑以下几种措施：

1.知识资本化

知识资本化既是一种物质型的奖励，也是对员工知识的一种尊重，常用的有管理入股、股票期权、技术入股等形式。其中，股票期权是企业最能留住员工的心，特别是核心员工的心的有力工具。通过股票期权，企业成为"人人有份"的利益共同体，员工成为企业的主人，更得以分享企业的利益，有利于激励知识团队成员不断丰富自己的知识储备，自觉提高创新能力，增强企业或组织的核心竞争能力。

2.培训教育

从需要层次理论分析，知识团队成员对高层次的需要比较迫切，他们渴望自我成长、自我发展，实现自我价值。因此，结合知识团队成员自身的特点，适当给予其进修深造、职位晋升、开展专业技术研究等机会，以调动知识团队成员学习知识和提高技术能力的积极性和主动性。内因和外因结合起来，是提高知识团队成员知识和技术更新能力，促进其自身素质提高的重要途径。

3.营造相互支持的团队氛围

良好的人际关系会促使员工在轻松、活泼的环境中愉快地工作，上下级之间的密切沟通有利于团队成员表达自己的意见、建议和情绪，团队应满足成员的交往需要和尊重需要。成员之间的信任支持有利于团队内的信息交流、知识传递，以实现知识共享。

4.参与管理

一方面，知识团队成员自主性比较强，他们不习惯受监督、控制和指挥。知识团成员参与管理,可以使他们感受到上级的信任和尊重,产生归属感和对企业发展的责任感。知识型员工所拥有的知识和专长是企业进行经营管理决策的主要依据,知识型员工参与管理可以大大提高决策的科学性,避免决策失误。

5.建设优秀的团队文化

一般的团队生产产品或提供服务,优秀的团队经营人力资本,最具有竞争力的团队培育团队文化。团队文化的影响力是隐性的,但往往是深远且巨大的。要建立一支有活力、有凝聚力的知识团队最终要靠培育优秀的团队文化。

绩效管理的过程是一个循环发展的过程,通过不断上升式的循环,个体和组织绩效得以持续发展。知识团队的绩效管理更强调全体员工自下而上的参与,从绩效目标的制定、实行计划中的信息反馈和指导,到绩效评价、对评价结果的运用,以及提出新的绩效目标等,都需要团队成员的参与,需要管理者与成员间的沟通。成员之间相互支持、相互鼓励,良好的沟通习惯可以大大降低冲突的产生概率。企业通过为每一个成员提供辅导和咨询、指导和培训来提高成员的个人能力,每一个成员都有主动学习、相互学习的动力,进而促进学习型组织的建立。知识团队的绩效管理最终目标是建立团队的绩效文化,形成具有激励作用的工作气氛。

第五章 薪酬管理

第一节 薪酬管理概述

一、薪酬相关概念

（一）薪酬的定义

在人力资源管理中，人们对薪酬概念的界定比较宽泛，对薪酬的理解也存在差异。在日常生活中，人们通常将薪酬、报酬、工资等概念混用，事实上，这些概念是有区别的。在通常情况下，将员工为某个组织工作而获得的各种其认为有价值的东西统称为"报酬"。报酬可以分为经济报酬和非经济报酬，薪酬则属于经济报酬。在国外，工资的主要支付对象是从事体力劳动的蓝领工人。根据我国相关的法规和政策，工资是指用人单位依据劳动合同的规定，以各种形式支付给劳动者的工资报酬，包括计时与计件工资、奖金、津贴和补贴、加班加点费、特殊情况下支付的工资。个人收入通常简称为"收入"，指个人通过各种合法途径获得的收入总和，包括工资、租金、股利股息及社会福利等。

（二）薪酬的本质

薪酬实际上是组织对员工的贡献，包括对员工的工作态度、工作行为和工作业绩等所给予的各种回报。

广义上，薪酬不仅包括工资、奖金、休假等外部回报，也包括参与决策、承担责任等内部回报。狭义上的薪酬则主要指从外部获得经济利益的回报。

外部回报是指员工因为雇佣关系从自身以外得到的各种形式的回报，也称为"外部薪酬"，其包括直接薪酬和间接薪酬。直接薪酬是员工薪酬的主体部分，包括员工的基本薪酬，即基本工资，如周薪、月薪、年薪等；也包括员工的激励薪酬，如绩效工资、红利和利润分成等。间接薪酬主要指福利，包括组织向员工提供的保险、带薪休假、额外津贴、单身公寓、免费工作餐等。

内部回报是指员工在社会心理等方面感受到的回报。它一般包括参与企业决策，获得更大的工作权限，承担更重要的责任，从事更有趣的工作，获得个人成长的机会，等等。内部回报不是简单的物质回报，如果企业能运用得当，就会对员工产生较强的激励作用。

企业付给员工薪酬实质上是一种劳动力的交换或交易，所以要服从市场的交换或交易规律，否则雇佣关系就不可能长久地持续下去，即使能持续，双方也不可能满意。如果员工对交换满意，那么他们会有良好的工作表现和业绩，企业对人力资本的投入也会获得较好的回报。因此，许多企业将薪酬作为吸引、激励、挽留人才的重要筹码之一，但也有许多企业薪资投入巨大，激励效果却甚微。

（三）薪酬的构成

薪酬的构成内容很多，并通过不同形式体现出来，各部分薪酬的构成、功能及特征具体如下。

1.基本薪酬

基本薪酬又称"基本工资"，是维持员工基本生活的工资。它一般以岗位工资、职务工资、技能工资、工龄工资等形式表现，不与企业经营效益挂钩，是薪酬中相对稳定的部分。基本薪酬的变动一般取决于三个因素，一是总体生活费用的变化或者通货膨胀的程度；二是劳动力市场上同质劳动力的基本薪酬变化；三是员工在工作中拥有的知识、技能、经验的变化以及相应的绩效变化。

此外，企业所处的行业、地区以及市场占有率等都会影响员工的基本薪酬水平。越来越多的企业在员工的基本薪酬中加入了绩效薪酬部分，绩效薪酬又称"绩效加薪""奖励工资"，是企业对员工过去的工作行为及业绩的认可。绩效加薪通常与企业的绩效管理制度紧密相连。

2.可变薪酬

可变薪酬是薪酬构成中与员工绩效直接挂钩的经济性报酬,有时又称为"浮动薪酬""奖金"。其中的绩效既可以是员工个人的绩效,也可以是团队或组织的绩效。可变薪酬体现的是员工超额劳动的价值,具有很强的激励作用。可变薪酬与绩效加薪不同,一般情况下的绩效加薪具有累积作用;而可变薪酬不存在累积作用,绩效周期结束后,奖金兑现完毕,员工必须重新努力工作才能获得新的绩效奖励。

3.间接薪酬

间接薪酬主要指员工福利(包括员工服务)。与基本薪酬和绩效薪酬不同,间接薪酬一般不以员工的劳动情况为支付依据,而以员工作为组织成员的身份来支付,是一种强调组织文化和组织凝聚力的补充性报酬。

(四)薪酬体系

薪酬体系是人力资源管理系统中的一个子系统,它向员工表明在组织中什么是有价值的,为组织向员工支付报酬制定了策略和程序。一个设计良好的薪酬体系能直接与组织战略规划相联系,使员工努力将行为集中到帮助组织生存发展并获取竞争优势的方向上。当前通用的薪酬体系主要有职位薪酬体系、技能薪酬体系和能力薪酬体系。

1.职位薪酬体系

职位薪酬体系是在对职位本身价值做出客观评价的基础上,根据职位评价结果赋予在该职位上工作的人与该职位价值相当薪酬的薪酬体系。

职位薪酬体系具有以下优点:

体现了同工同酬、按劳分配的原则;按职位体系进行薪酬管理,操作比较简单,管理成本较低;职务晋升与薪酬增加密切关联,以激励员工不断提高技术水平、能力及工作绩效。

职位薪酬体系存在以下问题:

薪酬与职位直接挂钩,当员工晋升无望时,工作积极性会受挫,甚至出现消极怠工或离职的现象;职位的相对稳定决定了员工薪酬的相对固定,不利于动态激励员工。

2.技能薪酬体系

技能薪酬体系是指组织根据员工所掌握的与工作有关的知识、技术、能力以及拥有的经验等来支付基本薪酬的一种薪酬体系。

技能薪酬体系具有以下优点：

激发员工的进取精神，提高企业技术创新能力；引导组织结构的合理调整以及组织价值观的变化；有利于专业技术人员的稳定与发展。

技能薪酬体系存在以下问题：

员工对培训的要求较高，培训资源投入、培训需求确定等都会成为问题；成本较难控制，如果员工技能模块的界定与组织战略需求不相符合，则员工的技能会被闲置和浪费；实施难度大，设计难，管理难，人与岗位匹配难。

3.能力薪酬体系

能力薪酬体系是指企业根据员工所具备的能力或是任职资格来确定其基本的薪酬水平，该体系对人不对事。

能力薪酬体系一般基于一定的假设：

员工的能力直接决定其所创造的价值，因此支付给员工的报酬应当由员工能力决定。在能力薪酬体系中，基于岗位的能力占据的比重较大，员工的能力与职位的晋升及薪酬待遇等有着直接的联系。同时该体系体现了能力较强的员工可能产生更高的工作绩效，因此员工的能力越高，获得的薪酬越高，待遇越好，管理者更关注于因员工能力的提升而带来的价值增值。

二、薪酬管理相关理论

许多企业都认为合理的薪酬制度能激励员工提高工作绩效，那么这种想法有无依据呢？事实上，组织行为学、心理学的诸多理论都为薪酬管理提供了理论基础。

（一）需要层次理论

需要层次理论的内容包括：人的需要取决于已经得到什么和缺少什么，尚未得到满足的需要会影响人的行为。人的需要是有层次的，一般来说，当低层次的需要得到满足后，高层次的需要就会出现。需要层次由低到高依次分为五级，即生理需要、安全需要、感情需要、尊重需要和自我实现需要。

需要层次理论对薪酬管理的启示有：企业支付的基本薪酬必须确保员工能够满足基本生活需要；奖励性薪酬会对员工产生一定的激励作用；不同类型的员工需要层次不同，

企业应该采取不同的薪酬激励措施；货币的激励作用可能存在边际效用递减规律，因此企业需要将货币激励与非货币激励相结合。

（二）双因素理论

双因素理论认为，员工的行为会受到保健因素和激励因素的影响。保健因素包括企业策略与行政管理、监督、与上级及同事的关系、工作安全、个人生活、工作条件等。当保健因素得到改善时，员工的不满情绪会消除，但是保健因素对员工不能起到激励作用。激励因素包括工作上的成就感、工作性质与职责、个人发展的可能性等。激励因素可以对员工起到明显的激励作用，但当不具备这类因素时，员工并不会产生极大不满。

双因素理论对薪酬管理的启示有：基本薪酬必须在一定水平上，以确保员工满足生活及保健需要的经济来源；绩效奖励具有激励性，它与员工在认可、愉悦、成就等方面的需要相联系；人际氛围、责任、工作类型、工作条件等因素会影响薪酬管理的成效。

（三）期望理论

期望理论认为，期望是员工对自己完成既定工作任务的能力所做的自我评判；关联性是员工对于达到既定绩效水平之后能够得到组织报酬所具有的信心；效价是员工对于组织为自己所达到的令人满意的工作业绩所提供的报酬而做出的价值判断。

期望理论对薪酬管理的启示有：薪酬和绩效之间的联系至关重要，只有绩效奖励的收益足够多，才会使员工认为它是一种报酬，从而选择能够获得最大回报的行为。

（四）公平理论

公平理论认为员工不仅关心自己经过努力所获得的报酬的绝对数量，也关心自己获得的报酬在组织内外的相对水平。当员工与感知对象的投入与产出情况相对比，感到自己的投入与获得与他人的投入与获得不对等时，员工就会产生不公平的心理感受，继而产生相应的负激励效应。

公平理论对薪酬管理的启示有：员工关注绝对薪酬水平，更关注相对薪酬水平；无论是基本薪酬还是奖励性薪酬，企业都必须关注组织内外以及组织内部员工之间的平衡与一致。

（五）强化理论

强化理论认为一个人的行为是受其目标引导的，如果员工的某种行为得到了与预期目标相符合的某种报酬的强化，则员工重复执行相同行为的可能性会增加。

强化理论对薪酬管理的启示有：报酬会强化（激励和维持）绩效；报酬必须在员工行动得到强化之后直接给予，不能得到报酬的行为是不会持续下去的。

此外，目标设置理论、委托代理理论等都对薪酬管理的理论和实践产生了一定的影响。

三、薪酬管理的影响因素

（一）组织外部因素

1.劳动力市场的供求关系与竞争状况

劳动力价格（薪酬）受供求关系的影响。当劳动力的供求关系失衡时，劳动力的价格会偏离其本身的价值。一般而言，当供大于求时，劳动力价格会下降；当供小于求时，劳动力价格则会上升。人才市场竞争越激烈，产品和劳务的价格水平越低，则薪酬水平越低。

2.地区及行业的特点与惯例

人们对收入分配的价值理念和心理感受也是影响薪酬的重要因素之一。如拉开收入分配差距的措施通常不能被某些人理解和接受。不同行业及类型的企业在薪酬方面相差较大，垄断行业通常薪酬水平高，而薄利行业薪酬水平很低；一些国有企业员工的基本工资水平不高，但企业福利很丰厚；一些"三资"企业员工的基本工资水平较高，但企业福利可能较少。

3.地方生活水平

地方生活水平可从两个方面影响组织的薪酬策略：一方面，生活水平高，员工对个人生活期望也相应较高，会给组织带来支付高薪酬的压力；另一方面，所在地区的生活水平高也意味着物价指数涨幅相对较大，为了保持员工的生活质量以及购买力，组织也会被迫上调薪酬。

4.国家有关的法律法规和政策

薪酬及其管理必须符合国家和地方的法律法规及相关政策。法律法规和政策是薪酬管理的基本依据和标准，如最低工资标准、最长工作时间标准、个人所得税制度等。

（二）组织因素

1.组织的行业性质和特点

组织所处的行业性质和特点不同，组织的技术要求、工作性质、员工素质和竞争态势也不同，因而相应的薪酬制度及薪酬水平也必然不同。

2.企业的发展阶段

企业的发展阶段包括初创期、成长期、成熟期、稳定期、衰退期和更新期等阶段。在不同的发展阶段，企业具有不同的发展目标、经营战略及阶段性任务，需要不同的薪酬制度和策略来适应和支持企业的运营要求，激励策略的目标和重点也会有所不同。

3.组织文化

组织文化是指在一定的社会历史条件下，企业在生产经营和管理活动中所创造的具有企业特色的精神财富及其物质形态，包括文化观念、价值观念、企业精神、道德规范、行为准则、历史传统、企业制度、文化环境、企业产品等，其中价值观念是组织文化的核心。组织文化界定了组织在市场和社会中独特的地位和优势，是影响薪酬制度的重要因素。每个企业的薪酬制度必须适合本企业的组织文化和价值导向。

4.组织特有的优势和劣势

薪酬制度设计还应考虑组织具有的优势和劣势。组织特有的优势通常能降低吸引优秀人才的薪酬成本，因为员工在做出加入组织的决定前要进行综合分析，而不是单一考虑薪酬待遇。组织的知名度也会产生巨大的品牌效应，以至于一些优秀人才宁可放弃更高的薪酬而加入著名的公司；相反，如果组织处于初创期或默默无闻，就要靠有竞争力的薪酬水平来吸引优秀人才。

（三）员工因素

员工是薪酬分配的参与者和接受者，薪酬制度设计必须考虑员工的需求、类型、个体差异等因素。

根据激励理论，薪酬分配只有满足了员工的需求，才能发挥有效的激励作用，因此企业在进行薪酬制度设计时必须了解员工的需求。

员工的个体差异性是薪酬制度设计所必须考虑的因素。例如，从事经营管理和技术工作的知识型员工，通常更愿意从事富有挑战性的工作，获得由工作带来的实现自身价值的满足感，因此企业应采用具有灵活性的薪酬制度；而对于从事普通生产活动和事务性工作、追求工作和生活稳定的员工来说，企业则应采用相对稳定的薪酬制度。

第二节 薪酬管理制度的设计

薪酬管理是指根据企业总体发展战略的要求，通过管理制度的设计与完善，保障与激励计划的制订与实施，最大限度地发挥薪酬的激励作用。

一、设计薪酬管理制度

（一）基本原则

1.战略导向原则

战略导向原则是指企业在设计薪酬管理制度时必须从企业战略的角度进行分析，制定的薪酬管理制度必须体现企业发展战略的要求。企业的薪酬管理制度不仅体现了人力资源的策略导向，而且体现了组织特有的管理体制和运行模式。合理的薪酬管理制度会驱动企业发展，同时消除不利于企业发展的因素。比如，实行创新战略的企业会特别注重产品创新、生产方法创新及技术创新，基本薪酬通常会以劳动力市场上的平均薪酬水平为基准，甚至会高于市场平均水平；实行成本战略的企业，通常会采取一定的措施来提高可变薪酬在薪酬构成中的比重，一方面控制人力总成本，另一方面鼓励员工降低生产成本。因此，企业在设计薪酬管理制度时，必须从企业发展战略的角度去分析哪些因素最重要、哪些因素一般重要、哪些因素不重要，并通过一定的价值标准，对不同的因素赋予相应的权重，从而确定各因素对应的薪酬标准。

2.公平性原则

公平性原则基于公平理论，认为公平是激励的动力，人们能否受到激励，不仅在于是否得到了什么，还在于所得是否公平。因此企业的薪酬管理制度应该让人感觉是公平公正的。公平性原则是设计薪酬管理制度和进行薪酬管理的首要原则，包括以下几个方面：

（1）外部公平

同行业或地区，同等规模的企业的类似职务的薪酬应大致相同。外部公平强调的是本组织的薪酬水平在同其他组织的薪酬水平相比较时的竞争力。市场薪酬调查结果能够反映外部公平的程度。

（2）内部公平

同一企业中不同职务的薪酬水平应与各自的贡献成正比，只有当比值一致时，员工才会认为是公平的。工作评价是判断内部公平的主要方法。

（3）员工个人公平

根据员工的知识、技能、业绩等个人因素，对同一组织中完成类似工作的员工支付相同的薪酬。

（4）程序公平

程序公平是指企业用来做出薪酬分配决策的程序具有公平性。必须说明的是，公平一般只是员工的主观判断，不同员工的判断结果可能差别很大，因为公平总是相对的。

3.竞争性原则

在社会主义市场经济中，企业的薪酬标准只有具有吸引力，才能战胜竞争对手，引进所需人才。企业究竟应将薪酬水平定位在市场价格的哪一标准上，要根据企业财力和所需人才的具体条件而定，但企业核心人才的薪酬水平通常不能低于市场平均水平。竞争性原则强调企业在设计薪酬制度时必须考虑到同一地区和行业劳动力市场的薪酬水平以及竞争对手的薪酬水平，以保证企业的薪酬水平在一定的市场范围内具有相对的竞争力，能充分吸引和留住企业发展所需要的人才。

4.激励性原则

企业要在内部各类、各级职务的薪酬水平上适当拉开差距，真正体现按劳分配、按贡献分配的原则。激励性原则是指通过薪酬来激发员工的工作积极性，提高个人绩效，从而让员工为组织做出更大的贡献。对组织贡献大的人理应获得高水平的薪酬，而对组织贡献小的人只能获得较低水平的薪酬，从而适当拉开薪酬分配的差距。

5.经济性原则

提高企业的薪酬水平固然可以增强企业在薪酬方面的竞争力，但必将提高企业人力成本。所以企业在设计薪酬制度时，必须充分考虑自身发展的特点和经济支付能力。

经济性原则包括两个方面的含义：从短期来看，企业的销售收入在扣除各项非人工（非人力资源）费用和成本后，要能够支付起企业所有员工的薪酬；从长期来看，企业在支付所有员工的薪酬及所有非人工费用和成本后，还要有盈余，从而保证企业的可持续发展。

6.合法性原则

合法性是企业薪酬管理最基本的前提，它要求企业实施的薪酬管理制度必须符合国家、地区的法律法规、政策条例等要求，如不能违反最低工资标准等规定。

（二）薪酬管理制度设计流程

对于任何一家企业来说，薪酬管理制度都非常重要。薪酬水平过高可能会给企业造成浪费，而薪酬水平太低又会导致企业不能吸引和留住人才。此外，不具有公平性的薪酬管理制度会挫伤员工的积极性。那么，如何制定一套相对合理的薪酬管理制度呢？在实际中，制定薪酬管理制度的工作流程如下：

1.工作分析与评价

工作分析是企业人力资源管理的重要基础和必要前提，它是对企业各个岗位的设置目的、性质、任务、职责、权力、隶属关系、工作条件、劳动环境以及员工就任该岗位所需要的知识技能、学历背景、工作经验等资格条件的系统分析和研究，并制定出岗位规范和工作说明书的过程。

工作评价是在岗位分析的基础上，对岗位的工作难易程度、责任大小等进行的价值评价，使薪酬水平与工作价值挂钩，从而为调整员工薪资、制定公平合理的薪酬标准提供依据。

2.薪酬调查

薪酬调查就是通过一系列标准、规范和专业的方法,对市场上各种职位进行分类、汇总和统计分析,形成能够客观反映市场薪酬现状的调查报告,为企业薪酬管理制度的设计提供参考依据。薪酬调查是薪酬管理制度设计的前提和基础,重点解决的是薪酬的外部公平问题与薪酬竞争力问题。薪酬调查报告能够帮助企业有针对性地规划薪酬内容与标准。

企业在确定员工薪酬水平时要把握好"度",既不能因为多支付薪酬而增加总成本,也不能因为少支付薪酬而无法保证所必需的员工数量与质量。企业通过薪酬调查可以了解市场薪酬水平的25%、50%和75%等点位。薪酬水平高的企业应注意市场75%点位处甚至是90%点位处的薪酬水平,薪酬水平低的企业应注意25%点位处的薪酬水平,一般的企业应注意50%点位处(中点处)的薪酬水平。

薪酬调查一般可分为四个步骤,即确定调查目的、确定调查范围、选择调查方式、整理和分析调查数据。

(1)确定调查目的

人力资源部门应该先弄清楚调查的目的和调查结果的用途,再开始制订调查计划。一般而言,调查的结果可以为许多工作提供参考和依据。例如,企业总体薪酬水平的调整,薪酬结构的调整,薪酬改革制度的制定,某些具体岗位薪酬标准的调整,等等。

(2)确定调查范围

根据调查的目的,企业可以确定调查的范围。确定调查范围需要回答三个问题,即需要对哪些企业进行调查?需要对哪些岗位进行调查?需要调查岗位的哪些内容?

(3)选择调查方式

确定了调查目的和调查范围后,企业就可以选择调查方式。薪资调查主体主要有政府部门、专业调查公司和企业三种。一般来说,首先可以考虑企业之间的相互调查。企业人力资源部门可以与相关企业的人力资源部门联系,使薪酬调查得以开展。若无法获得相关企业的支持,则可以考虑委托社会上的专业机构进行调查。

随着薪酬调查不断发展并为企业所接受,薪酬调查的方法也不断发展,现在比较常用的有问卷调查法、面谈调查法、文献收集法和电话调查法等。每一种方法都有优点和不足,企业可以根据自身特点、调查目的、时间和费用等要求采取不同的调查方法。如果采取问卷法,企业就要提前准备好调查表;如果采取座谈法,企业就要提前拟好问题提纲。

（4）整理和分析调查数据

在调查完成之后，企业要对收集到的数据进行整理和分析。在整理中，企业要注意将不同岗位和不同调查内容的信息进行分类，同时要注意剔除错误的信息。最后，企业根据调查的目的，有针对性地对数据进行分析，形成最终的调查结果。

3.薪酬管理决策

薪酬管理过程中最为重要的决策主要有以下四类：

（1）薪酬体系决策

薪酬体系决策的主要任务是明确企业确定员工基本薪酬的基础，是采用职位薪酬体系，还是技能薪酬体系或者能力薪酬体系。如前所述，每种薪酬体系都有优势和不足，企业必须根据自己的情况做出选择，也可针对不同的员工类别建立不同的薪酬体系。

（2）薪酬水平决策

薪酬水平是指企业内部各类职位或人员的平均薪酬状况，反映了企业薪酬的外部竞争性。可以看出，在传统的薪酬水平概念中，人们更关注的是企业整体薪酬水平，而现在人们更关注于比较同一企业的不同职位之间或者不同企业的同类人员之间的薪酬水平，而不仅仅是企业的平均薪酬水平。由于市场竞争的加剧，企业更强调在产品和劳动力市场上的开放性和灵活性，更关注薪酬外部竞争性而非企业内部薪酬一致性。

（3）薪酬结构决策

薪酬结构决策是指在同一组织内部，一共有多少个基本薪酬等级以及相邻的两个薪酬等级之间的薪酬水平差距。在企业总体薪酬水平一定的情况下，员工对企业的薪酬结构是非常关注的，这是因为薪酬结构实际上反映了企业对职位和技能价值的看法。一般来说，企业可以通过正式或非正式的职位评价以及外部市场薪酬调查来确保薪酬结构的公平性和合理性。

（4）薪酬管理策略的决策

薪酬管理策略主要涉及企业的薪酬成本，预算控制方式，以及企业的薪酬制度、薪酬规定和员工的薪酬水平保密等问题。薪酬管理策略必须确保员工对薪酬体系的公平性看法以及确保薪酬体系有助于组织和员工个人目标的实现。

4.薪酬管理制度的实施与调整

在薪酬管理制度确立之后，人力资源管理部门需要将其贯彻落实，并且在实践中不断进行调整，使得薪酬管理制度更好地发挥作用。

（三）衡量薪酬管理制度的标准

检测一个组织的薪酬管理制度是否科学、合理和有效，可以采用三项衡量标准：一是员工的认同度，二是员工的感知度，三是员工的满足度。

二、绩效薪酬

在传统意义上，所有的奖励计划都是绩效薪酬计划，即员工的薪酬与绩效挂钩。可变薪酬则更具体，把员工小组或团队的薪酬与能够衡量整个组织的整体盈利能力的某些指标挂钩。绩效薪酬主要有以下表现形式：

（一）短期绩效奖励计划

1.个人绩效奖励计划

（1）计件工资制

计件工资制是根据员工产出来支付薪酬的方式，它是最古老、使用最广泛的一种绩效奖励形式。

①直接计件工资制

首先确定每件产品的计件工资率，然后根据实际产出水平算出员工实际应得薪酬，将员工的收入和产量直接挂钩。

②差额计件工资制

差额计件工资制主要使用两种不同的计件工资率，一种适用于那些产量低于或等于预定标准的员工，另一种则适用于产量高于预定标准的员工。传统的差额计件工资制主要有泰勒制和莫里克制，两种方法都意在激励工作效率高的员工。

③标准工时制

标准工时制是按照在标准时间内完成工作的情况来制订工资的激励计划。如果员工能够在少于预期的标准时间内完成工作，他们的工资仍然按标准时间乘以小时工资率计算。比如，装配一件产品的标准时间是 2 个小时，而某工人在 1.5 个小时内完成了工作，其工资便是小时工资率乘以 2。

④其他工时激励计划

其一，海尔塞计件工资计划。如果员工能以低于限额的时间完成任务，则节约时间所带来的收益在企业和员工之间以对半的形式分享。其二，罗恩计件工资计划。与海尔塞计件类似，不同之处在于，随着所节约时间的增加，员工分享的收益所占比例上升。其三，甘特计件工资计划。不能在标准时间内完成任务的员工将只得到事先确定的保障工资，而那些能在标准时间内完成任务的员工，计件工资率则定在标准工资率120%的水平。

（2）绩效加薪

绩效加薪是将员工基本薪酬的增加与在某种绩效评价中所获得的评价等级联系起来的一种激励计划。研究绩效加薪的几个关键点是：加薪的幅度、加薪的时间以及加薪的方式。绩效加薪的幅度主要取决于企业的支付能力。若加薪幅度过大，则企业可能无法承受；但若绩效加薪幅度过小，则不能发挥激励作用。从绩效加薪的时间安排来看，常见的绩效加薪是每年一次，也有每半年一次或者每两年一次的情况。从绩效加薪计划的实施方式来看，绩效加薪既可以采取基本薪酬累积增长的方式，也可以采取一次性加薪的方式。因考虑变量方式不同，现将绩效加薪计划分为以下三种类型：

①以员工绩效为基础

这是最简单且运用最普遍的一种形式。在这种计划中，员工加薪的唯一依据是员工的绩效评价结果。具体有两种做法，一种是对绩效水平相同的员工加薪比例相同，基本薪酬高的员工所得到的绝对加薪额，必然会高于基本薪酬低的员工；另一种是采取以员工所在薪酬区间的中值为基准来实施绩效工资，这就减慢了那些位于相同薪酬等级区间但基本薪酬较高人员的加薪速度，使同一薪酬等级区间、绩效相同的员工的加薪额相同。

②以员工绩效及相对薪酬水平为基础

很多传统组织或薪酬结构比较复杂的组织会采用这种加薪计划。企业先判断员工的薪酬水平与组织内部其他员工薪酬水平或者外部市场平均薪酬水平之间的关系，如果员工的薪酬已经达到较高的水平，则企业会在同等条件下减小员工的加薪幅度；反之，企业则会在同等条件下适当调大加薪幅度。如果该企业员工平均薪资水平处于市场低位，则员工绩效等级从优秀至合格时的加薪幅度分别为8%至5%；但如果员工平均薪资水平处于市场高位时，则绩效加薪比例会降低；如果员工绩效不合格，则无论其薪资水平高低，均不能获得绩效加薪。

③引入时间变量的绩效工资计划

这种加薪计划以绩效和相对薪酬水平为基础，再引入时间变量。绩效水平较高的员工所获得的加薪幅度较大且频率更高，而绩效一般和绩效较差的员工则需要等待较长的时间才能获得加薪，且加薪的幅度很小。

（3）一次性奖金

绩效加薪与奖金的不同之处是，绩效加薪通常会成为基本薪酬中的一个相对固定的组成部分，而奖金则通常是一次性发放并且金额浮动的。所以，对于绩效加薪有很多争议。为避免固定薪酬成本的不断增加，越来越多的企业逐渐采用一次性奖金来取代绩效加薪，即员工在每年年终根据本人绩效结果及企业盈利状况得到不计入基本薪酬的一次性奖金。

2.团队绩效奖励计划

团队绩效奖励计划是基于整体性的绩效结果向团队中的全体员工提供奖励。团队绩效奖励计划可以提高团队的计划能力和解决问题的能力，并且有助于成员彼此之间的合作。但团队绩效奖励计划的不利之处是：一位优秀员工的薪酬可能与其个人的努力不成正比，团队中不乏"搭便车"现象。下面介绍几种团队激励方式。

（1）利润分享计划

利润分享计划是根据整个企业业绩指标（如产值、利润等财务指标）的衡量结果来向员工支付报酬，这是一份所有员工或者大多数员工均能分享企业年度利润的计划。一些实践表明，利润分享计划能够提高生产率并且增强企业的士气。

利润分享计划有几种形式。比如在即时分享计划或者现金分享计划中，员工每个季度或每年均可分得一定比例（一般为15%～20%）的企业利润；在延期利润分享计划中，企业会将现金存入员工的退休信托账户，由于延期支付，因此员工可享受税收优惠。

（2）收益分享计划

收益分享计划是企业提供的一种与大多数或者全体员工共同分享因生产率提高、成本节约和质量提高而带来的收益的绩效奖励模式。通常情况下，员工会按照事先设计好的收益分享公式，根据自身所属部门或企业总体绩效改善状况获得奖金。由于成本、质量和效率指标比利润指标更容易被员工看成自己所能够控制的，绩效与结果之间的关系更清晰，因此收益分享计划的激励效果更为显著。

在收益分享计划中，奖金的多少取决于一定时间内企业本应使用的劳动工时与实际耗费的劳动工时之间的差别。比如，在美国某公司的奖励体系中，员工享有一种有保证的计件工资制，在此基础上，公司根据员工个人的绩效考评结果，把公司年度总利润（扣除税金、6%的股息以及储备金之后）在员工之间进行分配。

(3) 成功分享计划

成功分享计划又称"目标分享计划"，它是运用平衡计分卡的思想为经营单位制定目标，对超越目标的情况进行衡量，并根据衡量结果对经营单位（既可以是整个组织也可以是某个部门或团队）进行奖励。成功分享计划所涉及的目标可能包括财务、客户、业务流程和学习与成长等领域中的各个方面。在该计划中，每一项绩效目标都是相互独立的，经营单位每超越一项绩效目标，就会单独获得一份奖励，将每一项绩效目标所获得的奖励相加，总和就是经营单位所获得的总奖励金额。

（二）长期绩效奖励计划

与短期绩效奖励计划相对应，长期绩效奖励计划是指绩效衡量周期在1年以上（一般3~5年）的对既定绩效目标的实现提供奖励的计划。长期绩效奖励计划把员工的收益与组织的战略联系在一起，鼓励员工与组织长期合作。长期绩效奖励计划的主要形式是股票所有权计划。股票所有权计划是指在整个公司范围内实施的以股票为媒介的一种长期绩效奖励计划，该计划通常分为三类：现股计划、期权计划和期股计划。其中，期权计划和期股计划主要是针对高层管理人员或核心技术人员设置的。

1. 现股计划

现股计划是指公司通过奖励的方式直接赠予员工股份，或者参照股权的当前市场价值向员工出售股票，使员工立即获得实实在在的股权的计划。但这种计划一般会同时规定员工在一定的时期内必须持有股票，不得出售。现股计划包括经理人持股计划和员工持股计划两种。

2. 期权计划

股票期权是授予某些员工在规定时期内以事先确定的价格购买一定数量的本公司股票的权利。购股价格一般参照股权的当前市场价格确定。如果届时公司股票价格上涨，授权员工就可以行使期权，以事先确定的价格购买股票并出售股票获利；如果公司股票下跌，员工就可以放弃这项权利。该计划对授权员工购股之后出售股票的期限做了规定，员工有权在一定时期将所购入的股票放在市场上出售，但期权本身不可转让。

3.期股计划

期股计划与期权计划类似,公司和员工约定在将来某一时期以一定的价格购买一定数量的公司股权。但与期权计划不同的是,员工一旦选择了期股,到期就必须履行购买股票的义务,如果公司经营不善造成股票价格下跌,员工就会遭受很大损失。期股计划同样要对员工购股之后出售股票的时期做出规定。

第三节 我国企业薪酬管理存在的问题及创新路径分析

一、我国企业薪酬管理方面存在的问题

(一) 缺少持续有效的薪酬激励制度

当前许多企业普遍缺乏长期有效的薪酬激励制度,等级工资分配的方式仍是根据职位进行薪酬配置,这容易降低员工的积极性,导致其工作懒散,甚至产生混日子的想法;还会造成优秀员工跳槽,致使人才流失,使企业的经济效益低下,影响企业的长远发展。如今,一些企业已经逐渐认识到这个问题的严重性,也为避免此类现象制定过一些薪酬激励策略,但都没有长期坚持,因而实质问题并没有得到有效解决。

(二) 激励方式过于单一

虽然许多企业已经开始采用薪酬激励制度,但是在实施过程中方式较为单一,其中物质激励是主要的激励方式,而精神方面的激励则通常会被忽略。实际上,对于员工来说,精神激励与物质激励缺一不可。

（三）缺少完善的绩效考核制度

在我国的市场经济背景下，企业的薪酬激励制度主要是通过绩效考核制度来体现的，因此创建完善的绩效考核制度是实施薪酬激励制度的根本。当前，部分企业缺乏完善的绩效考核制度，导致薪酬激励制度的实施受到制约，其主要体现在考核的制度不合理、考核要素不健全、内容不科学等方面，而这些制约因素都会降低员工的工作积极性，导致薪酬激励制度的实施受到限制，使企业的持续发展受到严重影响。由此可见，完善绩效考核制度在保障薪酬激励制度的实施与优化过程中是十分重要的。

二、我国企业薪酬管理的创新路径

（一）提高薪酬管理制度设计的科学性

在当前的市场经济环境下，企业和员工都面临着较大的压力，只有提高员工的工作积极性，才能更好地提高企业的竞争力。因此，企业要重视薪酬管理制度的设计，在具体设计过程中更好地满足员工多元化需求，全面提高企业薪酬管理的质量，针对不同岗位的性质设计出与其相匹配的薪酬管理制度。企业在设计薪酬管理制度时，还要以市场平均水平为依据，避免出现过大差异。

（二）建立科学的薪酬激励制度

企业薪酬激励制度的实施，可以更好地激发员工工作的积极性，确保企业生产效率的提高。因此，企业在发展过程中需要建立科学的薪酬激励制度，确保其与企业发展战略相符。企业要基于传统的薪酬体系，结合自身的实际情况来制定科学的薪酬激励制度，以确保其有利于企业和员工的共同发展。

通常情况下，企业员工的薪酬包括基本工资和绩效工资两部分，可以针对岗位的工作强度和复杂程度来确定基本工资，而在确定绩效工资时则可以遵循多劳多得的原则，促使员工为企业的发展不懈努力。

（三）加强薪酬模式的稳定性及弹性

企业的薪酬模式要与员工工龄和企业经营状况等因素息息相关，以确保其具有较强的稳定性。具有弹性的薪酬模式则与员工绩效具有密切的联系，即绩效越高，薪酬也越高。企业在实施弹性薪酬时，需要保证绩效工资和基本工资之间的合理关系，以激发员工积极性为原则和出发点，并进一步促进工作效率的提高。

（四）促进企业发展战略与薪酬管理的结合

企业不仅要确保为员工提供合理的报酬，确保员工的付出与收获成正比，同时还要注重自身实力的提升。因此，企业薪酬管理要与发展战略相结合，综合企业的发展实际情况进行考虑，并从大局出发，确保企业薪酬管理与企业发展和员工的需求相符合，保证其科学性和合理性，能够为企业全面发展及实现战略目标打下坚实的基础。

（五）明确绩效薪酬考核指标

合理的绩效薪酬考核指标有利于提高企业的薪酬管理水平，可以说绩效薪酬管理的基础就是设置正确的绩效考核指标。首先，企业在设置绩效薪酬考核指标的时候，要从员工的实际工作能力出发，同时也要保证考核指标对员工有一定的挑战性，因为如果考核指标没有一定的难度，就不会激发员工的工作热情。其次，企业必须以自身发展为设置绩效考核指标的核心，考核指标必须具备一定的灵活性，可以在一定范围内进行调控。当企业和市场经济环境发生变化时，企业要对绩效薪酬考核指标进行适当的调整，这样才能发挥出绩效薪酬考核的重要作用。

第六章 大数据背景下的人力资源管理

第一节 大数据背景下的人力资源管理：
变革与挑战

以商业智能为代表的数据分析已在运营管理、市场营销及财务金融领域取得了丰硕成果，但人力资源部门依然处于数据分析的初始阶段，其管理职能的实现主要是建立在经验和直觉的基础上。大数据技术的兴起改变了商业分析的面貌，也为人力资源部门向数据驱动转型提供了前所未有的战略机遇。在人才的重要性日益凸显、企业间人才竞争加剧的形势下，利用大数据技术重塑人力分析和人力资源管理模式，成为企业人力资源部门应对挑战、支撑企业长期竞争优势的关键。

从管理学正式作为一门科学诞生之日起，管理者就一直在不遗余力地推进对管理对象的量化，并且使决策能够更多地基于数据和模型而不是直觉。基于事实的定量分析方法是现代科学的重要标志，贯穿于管理学和管理实践的发展历程，这对于在新的技术条件下进一步拓展商业智能和人力分析理论研究，开拓崭新的研究方向也具有重要意义。

一、人力分析系统的变革

（一）数据搜集

1. 数据内容

过去，人力分析涉及的数据内容主要是基于人力资源信息系统中的结构化数据，主要包括年龄、籍贯、教育经历、工作经历、出勤情况、绩效和薪酬等。大数据技术大大拓展了人力分析所能够使用的数据内容，人力资源大数据可以分为生理大数据、行为大数据和关系大数据这三种基本类型。

生理大数据主要包括实时的生理指标和人类基因数据这两种基本类型。人的生理活动是一切外在行为的基础和支撑，不受主体意志的控制，对人力价值的实现具有重要影响。得益于可穿戴设备和便携式生理分析技术，实时连续监测人体的心跳、体温、睡眠、激素水平，以及其他理化指标，并进行数据存储和传输已经成为现实。目前，生理大数据在体育产业等高度依赖雇员身体素质的行业中已经得到广泛的应用。人类基因包含了海量的遗传信息，属于典型的大数据范畴，这些信息从遗传的角度上揭示了一个人与生俱来的禀赋，对于人力分析具有重大的参考价值。

行为大数据主要包括教育、求职、工作、娱乐和消费等方面的行为数据。相较于企业以往掌握的行为数据，这些数据在精细程度上有显著提升。例如，教育行为大数据包括在线教育资源的使用、图书资料的购买和借阅、参与非正式的技术分享等；求职行为大数据包括在线浏览职位和公司信息、投递简历、与猎头的接触及参加面试等；工作行为大数据包括在办公场所的移动情况、办公软硬件设备的使用情况、使用会议室的频率、使用工作场所休闲设施的频率及在会议中的发言情况等。

关系大数据主要包括在线互动行为和线下互动行为。在线互动行为包括成员之间在电话、邮件和其他即时通信系统上的联系行为，以及员工在各种社交网络中的发布和互动行为等；线下互动行为包括项目团队内部的沟通和合作、在茶水间中的交流行为及在非工作场所的互动等。关系大数据为描绘成员间的联结网络、了解其联结强度、进行社交网络分析提供了数据基础。

2. 数据来源

人力资源大数据有两个主要来源，一是公司内部数据，二是外部数据合作。公司内部数据来源主要包括智能手机（包括 APP）、可穿戴设备、办公场所物联网和传感器设置、公司内部通信系统、数字化办公系统和 ERP 系统等，主要涉及公司内部跨部门的数据整合和共享。外部数据合作主要包括与网络运营商、电子商务网站、在线社交平台、即时通讯软件厂商等开展数据合作，以弥补公司内部数据的不足。

在大数据条件下，人力分析的数据来源具有如下特点：

首先，尽可能从多种不同来源获得数据，以便于对数据进行三角验证，提高数据质量。

其次，数据搜集手段以自动化采集为主，不需要人工调查或填报，搜集的速度很快，绝大部分数据是实时数据。

最后，"尾气数据"在人力分析中占据主导地位。"尾气数据"不是有意识收集的，而是在提供服务的过程中自然产生的。对于数据的产生者来说，这些数据都不是有意识提供的，而是其行为的忠实记录，大大增加了关于人的数据的真实性、连续性和实时性，缺陷在于数据的非结构化与低相关性，以及由于当事人不知情而涉及的隐私问题。

（二）数据整合

1.传统人力资源数据和人力资源大数据的整合

过去，人力分析主要依赖于企业人力资源信息系统中结构化的数据，主要包括现任雇员和未被雇佣的求职者的职业履历、技能特长、正式教育经历及人口统计信息，对于现任雇员来说，还有工龄、历史薪酬和绩效、培训记录等信息。这些数据的优势是与人力资源相关性强，准确、完整，数据质量高，但局限性是数据搜集成本高，数据延迟时间长，缺乏连续性的数据，反映的内容有限。这些传统数据库中的数据恰好可以与人力资源大数据形成优势互补。因此，在大数据背景下，需要将这些传统的结构化数据和多种不同来源、结构化程度不同的人力资源大数据进行整合，并将数据结构化，最终得到可以进行分析的数据集。

2.人力资源数据与其他业务部门的数据整合

人力分析要真正创造价值，必须"跳出"人力资源部门。例如，通过跨部门的数据共享，将人力资源大数据与企业的业务部门数据、运营数据、财务数据等进行整合，并对其进行综合性的商业分析，在人力资源投资与企业经营成果之间、人力资源管理与企业的战略目标之间建立起清晰的关联。

（三）数据分析

1.数据分析方法

在数据分析的方法方面，呈现出如下三个方面的变革：

第一，数据分析的自动化程度提高，分析方法的通用性增强。随着人工智能和机器学习在大数据分析中的应用，不需要改变程序就能够分析不同类型、不同结构的数据，有些系统甚至能够自动做出反馈。

第二，数据分析的实时性要求提高，大多数情况下要求立即得出结论。

第三，人力资源管理的理论不再是人力分析的必要前提，相关分析方法逐渐占据主导地位。

2.数据分析目标

在数据分析目标上，"预测"成为人力分析的核心目标。精准的预测能力是人力分析能够支撑人力资源决策并创造商业价值的关键，例如，通过预测候选人的工作潜能和忠诚度来优化招聘决策，能够提高员工的生产率并降低离职率等。

在过去的人力分析中，对于不能直接进行观察的能力和动机等因素，主要在人才测评理论的指导下，依赖人力资源经理的直觉和经验进行判断。得益于大数据技术对人才的生理活动、行为及人际关系角度的全面观察，大数据条件下人力分析的另一项重要目标就是通过可以观察的外在表现和行为，推断不能观察的能力、动机、情绪和心理状态，以及产生绩效的原因等内在因素。

（四）数据分析结果的呈现

如果止于分析本身，人力分析是不能创造价值的。对人力分析而言，只有当由分析得到的商业洞察被决策者采用时，才有可能创造价值。这类似于内部销售的过程。人力分析要达到使分析结果变得容易理解和转化为行动的目的，核心的变革在于将分析结果与决策者关心的商业问题相结合，强调分析结果呈现的时效性和针对性，通过规范分析提供切实可行的建议，并且用后续数据不断证明人力分析所创造的商业价值。

（五）人力分析组织和流程的变革

1.人力分析组织架构的变革

人力分析需要数据科学家、人力资源专家、部门经理和公司高层等参与协作。例如，某互联网公司的人力运营部门的人员构成为人力资源经理、业务咨询顾问、数据科学家各占三分之一。

2.人力分析流程的变革

传统人力分析的流程是从问题出发，有针对性地搜集数据并完成数据分析工作。而基于人力资源大数据的分析，则既可以从问题出发，也可以从数据出发。

基于大数据技术的人力分析流程的另一项变革，是通过算法和模型的迭代进化形成数据分析的闭环。从人力资源大数据到商业洞察，再到管理决策和行动，人力分析的过程并没有告一段落，而是依据行动的反馈来检验人力分析的有效性，并且进一步改进、优化或者放弃现有的数据分析模式，使得人力分析本身在应用中不断迭代进化。

二、人力资源管理工作流程和工作方式的变革

（一）人力资源管理工作流程的变革

1.人力资源规划

基于大数据技术的人力资源规划，以满足实现企业战略目标对人力资源的需求为目标，基于人力资源大数据、企业运营和财务大数据、产业和市场大数据，以及宏观经济大数据，采用机器学习等现代预测技术来预测人才的供给和需求情况。预测的内容更加广泛、精确和细致，不仅包括人才的数量，还包括人才的具体类别和所需要的素质。预测的时间范围可以拓展到5~8年，使得中长期人力资源规划成为可能。

2.招聘

人力资源大数据将会改变招聘的运作方式。从人才搜寻的角度，从过去基于公开招聘信息的被动搜寻转向基于大数据的人才定位的主动搜寻。在数字化时代，人才必定会在网络中留下"数字足迹"，这些线索为企业主动定位相关人才提供了依据。例如，人才在社交网络上发布的简历信息、与已知人才之间的互动行为等。人力资源大数据为企

业提供了全新的人才搜寻渠道。例如，某大型公司从诸多网站和社交媒体平台上汇总候选人的资料，然后为每个人创建唯一的标识档案，包括数字足迹、作品以及可公开获取的联系方式和简介信息等。这对于难以填补的科学、技术、工程和数学领域里的职位空缺非常有用。

在人才的筛选和测试方面，人力资源大数据很大程度上解决了劳动力市场的信息不对称问题，帮助企业以最少的投入甄别出最佳的人选。基于文本分析的大数据技术从简历筛选环节就开始缩小需要进入测试的候选人范围，其筛选条件基于历史简历数据和入职后绩效数据不断迭代优化，以提升简历筛选的精确度。人力资源大数据使招聘测试得以简化，只保留数据中证明其与入职后表现高度相关的部分，甚至不再需要现场面试。这是因为过去只能通过复杂的测评手段才能够获取的人才信息，在当下已经能够在人力资源大数据中找到替代品，且数据取得的成本要低得多。

3.绩效

大数据技术使企业从周期性绩效考核转向实时跟踪绩效波动，为员工提供及时的绩效反馈，并依据绩效动态调整薪酬激励。过去的绩效考核数据搜集成本高，费时费力，所以大多以半年或一年为绩效评价的周期。人力资源大数据提供了丰富的定量绩效数据，并且其中大部分是实时更新的，能够反映员工的绩效波动情况，并通过在线系统为员工提供自主性的绩效反馈。

此外，绩效评估的主观因素降低，过去难以量化的因素被大数据所囊括，评估方式更为透明。基于能够细致反映员工工作过程的人力资源大数据，新的绩效评估不仅衡量工作的结果，也解释产生结果的原因，为绩效反馈提供更具体的改进建议。

4.留任

大数据分析能够发现早期的离职倾向。不同于以往当企业员工明确表现出离职意向的时候才进行留任干预，通过分析历史上的离任行为和对应的大数据特征，就能够建立离任预测模型。通过对员工进行持续监测，可以提前3～5个月识别具有潜在离职倾向的员工，为人力资源管理者留出主动干预的时间。

5.员工问题

相较于过去企业为员工提供的周期性体检和心理评估，大数据技术能够实时监控员工的生理指标和健康状况，这为早期发现员工问题提供了数据支撑。

（二）大数据技术使人力资源管理的工作方式发生了根本转变

首先，大数据技术使人力资源从经验和直觉驱动向数据驱动转型。其次，大数据技术提升了人力分析的预测能力，使人力资源管理从被动处理问题转型为主动发现企业潜在问题和提升企业商业价值的机会，并采取行动。最后，人力资源管理的工作方式可从周期性工作转变为实时连续跟踪，做到立即处理、立即反馈。人力资源管理的敏捷性和快速反应能力得到了质的提升。

三、人力资源管理组织架构与组织文化的变革

（一）人力资源部门角色的转型

人力资源部门的角色将从成本中心和服务支持部门，转型为以人才管理为核心的战略决策部门。从人力资源管理到人才管理，意味着人力资源范式的转变，以及人力资源部门角色的转型；意味着高层管理者将人才看作最重要的资源，将获取、发展和保留最优秀的人才作为实现企业战略目标的根本保障；也意味着人力分析将着眼于企业重大战略目标的实现，着眼于应对激烈的人才竞争。

（二）组织架构的变革

企业组织架构的设计需要适应组织内部原始数据搜集和共享、业务部门与数据分析部门高效协同、数据分析结论高效转化的需要。整合组织内部各业务部门的数据，实现数据互联互通是建构人力资源大数据的前提。在组织架构设计上需保留各部门间数据共享的接口，建立有利于部门间数据共享的激励机制。建议采用矩阵组织和设立分析小组的形式，以促进数据分析人才在组织内部的灵活流动。

（三）组织文化和管理心智模式的变革

人力资源大数据促成的最大改变不是技术层面的，而是组织中的人对于数据分析态度的改变。受到历史观念的影响，在过去，企业在涉及人的决策上普遍依赖于经验和直觉，而不是数据；即使涉及数据，也往往是利用数据来论证一个先入为主的结论。要改

变这种状况，应从组织文化的层面推行数据驱动，提高组织成员的数据素养，使更多的成员能够以直接或者间接的方式参与人力分析项目，并用客观的数据证明人力分析创造的价值，以此促进管理心智模式的转变。

四、大数据技术应用于人力资源管理的挑战

（一）个人隐私问题

将大数据技术应用于人力资源管理，最大的挑战就在于个人隐私问题。不同于其他类型的大数据，人力资源大数据聚焦的对象是人而不是物。为了达到人力分析的目的，很多时候需要识别分析对象的身份，即使这些数据并未公开且仅仅用于人力资源管理，即使保证了分析对象的知情权，这些分析行为也依然有可能给分析对象造成被窥探个人隐私的不安全感，也可能违背个人隐私保护方面的法律法规，给企业造成重大损失。

（二）复合型大数据人才缺乏

大数据技术的广泛应用，造成了全球范围内数据分析人才的紧缺。然而，无论是数据科学家，还是人力资源专家，都不能够独立完成大数据人力资源管理的全部工作。因为人力分析既涉及对人力资源管理职能和企业战略目标的理解，又需要从海量数据中挖掘商业洞察的分析技能。在人力分析项目中时常出现人力资源专家和数据科学家之间无法有效沟通和理解的问题。综上所述，复合型大数据人才是未来制约人力资源大数据发展的主要因素之一。

（三）权衡关系面对挑战

数据和经验直觉的权衡、相关关系和因果关系的权衡是人力资源大数据中最重要的两对关系。人力资源大数据要求管理者从依赖经验直觉转向依赖客观数据，但这绝不是否定经验直觉的重要性。数据和经验直觉之间权衡的挑战包括：如何利用经验直觉更深入地解读数据中体现出来的模式和相关性，从而产生更准确的分析结论；如何利用数据分析的结论填补经验直觉中的盲区和误区，拓展经验的范围；如何在经验直觉与数据分析结论冲突的时候准确判断哪一个更为接近人力资源管理的现实，并进行相应的调查和

修正。

大数据技术一度宣称理论和因果关系不再重要，对企业来说相关关系就足够了，但统计专家却对大数据技术中相关关系的可靠性提出了质疑。从人力分析的角度看，在预测分析能够创造巨大商业价值的领域，苛求相关关系的可靠性是没有必要的，因为预测创造的价值能够包容预测误差所造成的损失。然而，当分析时效性要求不高，且有充足的时间和条件通过实验设计检验因果关系的时候，理论解释和因果关系依然是有必要的，这可以确保企业在人力资源策略大规模实施时所要求的可靠性和稳定性。

五、大数据背景下的人力资源管理未来的研究方向

（一）围绕个人隐私问题的研究

个人隐私问题作为制约人力资源大数据发展的最大因素和潜在风险，需要在将来从多个不同的层面展开深入研究，这是人力资源大数据管理能够实施的前提。

首先，从技术的角度，此研究能够帮助人力分析部门最大限度地挖掘人力资源大数据的商业价值，同时减少对个人隐私的窥探风险，定制化的大数据分析系统是解决这一问题的根本出路。例如，通过数据脱敏减少数据中对个人敏感身份信息的暴露，开发自动化的数据处理技术，使得人力分析从原始数据到结果反馈的过程在黑箱中运行，以减少个人隐私泄露的风险。

其次，开展人力资源大数据相关的法律法规和行业规范的研究，明晰其应用的边界和运行的规范性。个人隐私保护的制度设计既要给人力资源大数据的进一步发展留有余地，又要明确个人隐私保护的底线，这是将来人力资源大数据研究的一个重要方向。

最后，开展人力资源大数据的产权研究。例如，个人在社交网站或求职平台上产生的数字足迹的产权是属于个人，还是相关平台；平台需要以怎样的方式取得数据授权；平台是否有权或以哪些形式利用这些数据开展商业分析，或者将这些数据出售、转让给其他组织；个人是否对自己产生的其他数据具有完全的产权；在数据产权受到侵犯的时候如何实现权利救济等。

（二）建立适用于人力资源大数据的人力资源管理理论

过去的人力资源理论已经不能完全解释人力资源大数据在人力资源管理中的作用，很多全新的人力资源管理实践本质上还停留在理论运行阶段。例如，某互联网公司通过大数据分析发现，基于过去的人才测评理论设计的面试问题与员工入职后的绩效相关性很低，真正能够预测员工入职表现的是一些以往理论认为无关紧要的问题，但这种不能被理论解释的相关性却能够很好地提升招聘绩效。因此，开展适应于人力资源大数据的新的理论建构研究非常有必要。人力资源大数据带来的人力资源管理实践的变革、创新，以及全新的数据搜集手段，也为人力资源理论的拓展创造了得天独厚的条件。

（三）探索模块化、可定制的大数据人力资源管理解决方案

项目建设成本高昂、相关人才缺乏是当前人力资源大数据发展缓慢的重要原因。为了解决这一问题，学术界需要从大数据人力资源管理的共同基础和适应特定行业的特殊需求出发，将模块化与可定制相结合为目标，努力开发出类似于 ERP 系统的成熟的大数据人力资源管理解决方案。

第二节 大数据背景下的人力资源管理转型发展

大数据背景下，大数据对企业的经营带来极大的便利和影响，如何利用大数据的优势，做好企业的经营成为其亟须解决的问题。尤其是对于企业的人力资源部门来说，大数据技术可以帮助其分析人才、招聘人才、培训人才，还可以整合人力资源供企业参考，可以有效地提高企业人力资源管理的质量和效率。基于此，本节提出大数据背景下人力资源管理的转型思路，为企业人力资源管理工作提供参考。

一、大数据背景下的人力资源管理

在大数据背景下，企业的人力资源管理面临着机遇和挑战，人力资源管理亟须转型，并提高人力资源的从业标准。

（一）大数据的内容

在大数据背景下，主要是利用互联网技术对数据进行大量的处理、分析及存储。对于企业而言，大数据可以帮助企业开展人力资源管理工作，如员工招聘、员工培训、员工能力测评，以及年度绩效等。

（二）大数据对人力资源管理的影响

大数据的发展促使企业人力资源管理实现转型。在企业的人力资源管理中，应用大数据技术不仅可以帮助企业做好人才的招聘、培训等工作，还可以帮助企业进行绩效考核等，从而有效地提高人力资源管理的效率和质量。并且，大数据让人力资源管理工作有了数据支持，可以通过分析数据的方式，来对人力资源进行有针对性的管理，从而促使人力资源管理实现转型，将原来的根据需求和经验进行人力资源管理转型为根据大数据进行人力资源管理。

（三）提高了人力资源从业者的素质

大数据背景下，人力资源管理的从业人员面临着挑战，即其从业素质需要进一步提高。传统的人力资源管理工作需要人力资源管理从业人员懂人力资源、懂管理、懂法律等；而大数据背景下，需要人力资源管理从业人员在掌握这些知识的基础上，还要掌握计算机、互联网相关知识，学会利用计算机技术、互联网技术来进行人力资源的整合、数据分析等，为企业招聘、培训优秀的人才。由此可以看出，大数据背景下，企业人力资源管理对从业者的素质要求更高了。

（四）提高了工作效率

传统的人力资源管理方式，需要通过人力资源管理从业人员来进行管理，耗时耗力，而且效果还不一定好。而大数据背景下，人力资源管理从业人员利用高科技技术来对数据进行收集、分析及总结，不但提高了工作效率，而且保证了人力资源管理的效果，如可以深入了解应聘者的信息，让企业掌握其基本情况，从而为企业找到更好的、与岗位相匹配的人才。

（五）大数据在人力资源管理中的应用

在人才招聘方面，传统的人才招聘采用的是登记招聘信息的形式，等待应聘者申请，人力资源管理者凭借工作经验从应聘简历中挑选人员进行面试，面试内容相对简单，例如做自我介绍等，人力资源管理者据此进行评估，这种方式的主观性较大；而在大数据背景下，企业在网上登记招聘信息，系统会自动推荐符合条件的应聘者，既节约了招聘成本，又提高了招聘效率。在人才评测、管理方面，传统的测评方法有综合考评、专家评估等，都是通过人来完成的，主观性较强；而大数据背景下，企业通过网络培训的方式对员工展开多方面的测评，测评结果较客观，数据也较可靠。

目前，很多企业在应用大数据时，只了解到大数据技术本身，很少有人了解其本质，因而没有完全将其价值发挥出来，只是通过技术来获得相关知识，再进行分析、整合等。因此，企业应深入了解大数据的本质，了解其是通过挖掘数据来对特定事件进行分析、整理及总结等，从而可以帮助企业快速地对某件事情做出决策。

二、大数据背景下的人力资源管理转型对策

大数据给企业人力资源管理带来了挑战，促使其转型以满足企业的发展。一般可以从以下几方面来促进人力资源管理的转型。

（一）培养数据技术型人才

大数据背景下，企业的人力资源管理必须进行转型，所以需要培养数据技术型人才。第一，要招聘数据技术型人才，招聘的人才既要懂得数据技术，又要懂得人力资源管理，为企业的人力资源管理工作打好基础。第二，加强对现有工作人员的培训，培训其数据技术、人力资源知识，利用大数据的超强数据处理能力做好企业的人力资源管理工作。

（二）加强对员工的培训

企业培养数据技术型人才，需要加强对现有工作人员的培训，此外，在人力资源管理转型中，还需要加强对员工的培训。第一，企业要定期组织员工进行培训，让其掌握足够的人力资源管理知识、足够的数据分析能力和处理能力等，挖掘出更加有价值的数据。第二，在培训中，需要对大数据的发展情况、发展趋势进行培训，以此来完善企业的人力资源管理工作，促进企业的可持续发展。

（三）完善人才招聘

大数据背景下，人才招聘形式变得更加智能化、多样化，不再单靠管理者的直觉或者管理者与应聘人员面对面交流来确定人选，而是通过大数据来对应聘者进行筛选和分析，既让招聘信息变得更加透明，又利用大数据技术深入挖掘应聘者的信息，从而帮助企业做好人才储备工作。也就是说，企业可以建立基础数据库，利用大数据做好人才分析、资源分析，从而帮助企业减少人才损失，并且要学会数据统计、预测，学会利用数据做出人才决策。

第三节 大数据背景下人力资源管理者的角色转变

大数据正迅速改变着人们的生产、生活及思维方式，企业的人力资源管理也要基于数据的处理和应用而更加科学化和精细化。人力资源管理者必须积极应对，尽快实现角色转变，成为数据的应用者、企业的战略合作者和人才队伍的建设者。

人力资源管理者的日常工作要和各种数据打交道，如应聘者信息、员工档案、考核数据等，但往往对这些数据缺乏科学的分析和预测，当数据演变为大数据时，如何快速对人力资源大数据进行采集、整理、分析和应用，这是目前人力资源管理者面临的最大问题。

一、要成为数据的应用者

（一）培养大数据思维

大数据思维强调一切都可量化，强调数据是一种生产要素。人力资源管理者要增强数据意识，充分理解数据的价值，相信数据、依靠数据，灵活运用大数据，用数据分析现状、发现问题，用数据管理，用数据决策，用数据驱动人力资源管理创新。培养大数据思维还要注意两点：其一，大数据分析的是整个数据库的全部数据，不再是传统的随机抽样，所以要从过去的样本思维转变为总体思维；其二，大数据思维不再执着于追求数据的绝对精确，而更加重视事物之间的相关性。

（二）提升大数据处理能力

1.搭建企业数据平台

由于大数据的海量性、实时性、多样性等特点，传统的数据处理和分析工具无法应用，企业需要与专门从事大数据分析的企业合作，在合理的资金投入范围内开发、搭建起企业大数据分析服务平台，运用大数据管理工具对生产经营中产生的实时数据进行记录、整理、分析。

2.提高数据搜索能力

互联网上大量的结构化数据和非结构化数据都蕴含着宝贵的信息，面对这个庞大的数据库，人力资源管理者要加强搜索能力和数据使用能力。企业要充分利用互联网上的数据，或者采购企业外部数据，为企业决策提供依据。

3.培养大数据人才

一方面，从个体角度考虑，人力资源管理者要顺应时代潮流主动学习，提升自己大数据开采与分析处理的技能。另一方面，从企业角度考虑，企业需要设置专人负责人力资源数据的管理与分析。未来的企业都将是"数据驱动"的企业，通过数据来经营管理，因此培养人力资源管理者的大数据思维和提升人力资源管理者的大数据应用能力势在必行。

二、要成为企业战略的合作者

过去，人力资源部门的主要角色定位通常是职能性和事务性的，业务部门感知不到其价值，因而地位不高。而人力资源管理发展的更高阶段——战略性人力资源管理，要求人力资源管理紧密追随企业战略，有力支撑企业战略目标的实现，所以人力资源管理需要与各业务模块有效衔接。为此，戴维·尤里奇提出了人力资源三支柱模型，以业务为导向将人力资源管理部门的组织架构再设计，划分为人力资源专家中心、人力资源业务伙伴、人力资源共享服务中心三大系统。其中，人力资源业务伙伴是指派驻到各业务部门的人力资源管理者，主要针对业务需求，帮助业务部门进行员工发展、人才发掘、人力规划等相关工作，为业务部门提供个性化的人力资源解决方案。人力资源业务伙伴不只是一种职位名称，更是一种全新的人力资源管理模式。在这种模式下，人力资源管理者了解业务，人力资源管理和业务管理紧密结合，制定战略时，人力资源管理者也不再无足轻重，而是真正变成了企业战略合作者。

人力资源业务伙伴的建设是人力资源发展的方向。曾经，这种转变比较困难，但是互联网和大数据改变了人们的工作方式，大数据技术把一切量化，使模糊变得清晰，把推测变为用数据统计预测，评估挑选最优方案，将决策风格从直觉型变为理性分析型，管理也越来越精准。大数据提供的数据支持，为人力资源管理转型升级提供了基本保障。

在大数据和互联网背景下，单纯从事人力资源管理工作的人力资源管理者将越来越不适应社会和企业的发展。人力资源管理者要有前瞻性，主动向人力资源业务伙伴转型。人力资源业务伙伴不仅要精通人力资源管理的技术和工具，要懂生产管理、财务管理、供应链管理等，要有较高的沟通能力和团队建设能力，要具备高水平的规划能力和决策能力，还要熟悉部门业务，能用业务语言描述人力资源管理问题。为此，人力资源管理者要主动学习新知识，主动融入业务部门，站在业务部门的角度来审视人力资源工作。

三、要成为企业人才队伍的建设者

互联网和大数据时代，外部环境的巨大压力推动企业组织加速变革。近年来，虚拟组织、无边界组织、创客组织等新的组织结构形式层出不穷，组织结构由以前的金字塔式、层级化、集中化变得越来越扁平化、网络化、分散化。扁平化、分散化的组织要求员工能承担更多的责任，有更强的自我管理能力和团队精神。而大数据时代的企业也比以往更需要凭借人才获取竞争优势。人力资源管理者要积极应对组织结构变化的挑战，为企业发展提供有效的人才解决方案。

人力资源管理者要根据企业未来几年的战略目标调整组织结构，设计岗位、明确岗位职责，采用先进的工具进行人才评价，帮助企业制定统一的人才标准，据此标准识别与选拔人才，进行各岗位的人才配置与人才储备，形成人才队伍梯队。同时，要推行绩效导向企业文化，营造一种良性竞争的氛围，要鼓励员工加强学习，努力建设学习型组织，使组织具有持续学习的能力，使员工的素质不断提高。

企业的人才是需要测评的，人才测评是人力资源管理过程的核心。近年来，传统的纸笔测试方式已逐渐被更便捷、成本更低的线上测评取代，线上测评与其他一些如结构化访谈、情景模拟等需要专家介入的方式相配合，实现人才的全面测评。基于互联网的人才测评使测评工具的信度、效度得到大幅提升，大数据的海量、多维性及数据深度挖掘与分析技术，也使得测评数据的分析结果越来越准确和公正。目前，我国企业的人才测评已进入全面应用时代，能对人才素质、工作行为、工作绩效进行全面的评价。人才测评技术的飞速发展，为人力资源管理者进行能力管理和人才队伍建设提供了可操作的手段。

在信息化时代，企业中各项工作越来越数据化，人力资源管理者也要通过运用大数据技术，完善各大职能模块，使人力资源管理的理念和技术更加科学化。人力资源管理者应抓住机会，顺势而为，尽快实现角色的转变。

第四节 大数据背景下的国有企业人力资源管理

我国的国有企业正处于转型时期，其对人力资源的管理也有更高的要求。大数据的快速发展，为国有企业人力资源管理变革提供了新思路，但也面临很多挑战，例如，需要企业高层的支持，对国有企业人力资源管理技术提出了更高要求，保护员工信息安全等。将大数据技术与国有企业人力资源管理具体实践相结合，为企业战略发展提供有力的支持,这将是国有企业人力资源管理面临的一项新任务。

现代企业管理,包括现代人力资源管理,已经开始运用大数据思维,利用数据获取有效的信息并做出更加科学的决策。国有企业由于自身原因正经历着漫长且缓慢的变革,很多国有企业还处于由传统的人事管理向现代人力资源管理的转型期,而大数据时代的到来,对国有企业人力资源管理具有诸多益处,也将带来更大的挑战。

一、大数据给国有企业人力资源管理变革提供新的思路

国有企业管理者做决策时,往往是用自身经验来进行判断,缺乏有力的数据支持。这不仅无法判断决策的准确性,而且使很多管理岗位变得无法替代,对企业的可持续发展产生不利影响。而大数据给国有企业人力资源管理突破困境提供了新的思路。

(一)人才招聘

企业之间的竞争,说到底是人才的竞争。传统的国有企业人力资源招聘具有滞后性,当岗位出现缺口时,才决定开始招聘,这样不能保证时刻满足企业对人员的需求,尤其是对专业技术人才的需求。人才流失往往给企业带来巨大的损失,如何及时补充人员、降低人员流动,是国有企业人力资源管理的一项重要课题。大数据则为人才招聘提供了有力的数据支持。国有企业可以通过大数据分析近年来各个岗位人员的流动情况,预测未来的人员需求,分析人员流动的原因,结合人力资源市场供给情况,为企业制定科学的人力资源规划。国有企业可以通过大数据准确掌握本行业人力资源市场的供需状况,也可以了解本企业人才流失,尤其是高级技能人才离职的原因,这样既可以及时为企业补充人才,又可以通过宣传企业文化、提高员工待遇等手段留住人才,降低企业人力资源成本。

(二)绩效管理

所谓的绩效管理是指各级管理者和员工为了达到组织目标共同参与的绩效计划制订、绩效辅导沟通、绩效考核评价、绩效结果应用、绩效目标提升的持续循环过程,绩效管理的目的是持续提升个人、部门和组织的绩效。部分国有企业的绩效管理流于形式,绩效考核计划不科学、不合理,绩效考核容易掺杂人情关系,使绩效管理不能有效地促

进企业和个人绩效的提升。利用大数据，企业可以通过不断搜集岗位员工的行为、日常工作内容，监测各岗位员工的工作效率。大数据管理的优点是用数据说话，有了大数据的测评结果，绩效考核结果更加客观，可以避免出现新员工埋头做事无法受到肯定、而老员工凭借资历滥竽充数却受到提拔的不合理现象。

（三）培训与开发

现代激烈的市场竞争对国有企业人力资源管理提出了更高要求。而国有企业承担的社会责任中还包括了职工子女就业、退伍军人安置等，使得国有企业招聘到的人员与需求无法完全匹配。因此，国有企业需要强化对员工的培训与开发，不断提升员工的知识和技能水平。大数据可以实时提供企业对人员的需求，尤其是对专业技术人才的需求，企业可以针对人才需求提供相应的专业技术培训。大数据也可以对培训结果进行长期的反馈，比较各种形式的培训投入与产出、不同学历员工的培训结果等，减少企业的培训成本，改善企业的培训效果。

（四）职业生涯规划

大数据技术可以为员工的职业生涯规划提供数据支持。国有企业人力资源管理往往忽视了员工的职业生涯规划，使得许多年轻员工付出努力却看不到晋升的希望。根据斯塔西·亚当斯的公平理论，这些员工可能要求增加自己的收入或减小自己今后的努力程度来达到心理平衡，在增加收入的要求无法被满足时，有能力的员工往往会选择离职。而这也是国有企业中优秀人才容易流失，部分员工对工作越来越懈怠、工作效率低下的原因。利用大数据技术可以收集员工的基本信息及每天的工作内容，测评员工对于部门和岗位的贡献程度、员工的个人潜力等，为员工制订合理的职业生涯规划和晋升计划，如此不仅可以为企业留住人才，还可以激励员工提高工作效率，提高员工的工作满意度。

二、大数据在国有企业人力资源管理中的应用条件

大数据为国有企业人力资源管理提供了新的思路，但也可能给国有企业人力资源管理带来一些问题，企业要科学预判，提前解决这些问题，保障大数据在国有企业人力资源管理中的有效应用。

（一）高层的支持

任何一个企业，若要引进新的技术和管理理念，必须先要有企业高层的支持和推动。国有企业中具有复杂的人际关系，大数据管理是人力资源管理的一场变革，会影响企业中一部分员工的利益，在应用过程中必然会受到阻碍。只有企业高层坚定地支持和推动，才能促使企业人力资源管理变革的顺利进行。要让企业高层理解大数据的理念，得到企业高层的支持后，在运用过程中，人力资源管理者要及时向企业高层反馈结果，让高层了解到企业人力资源管理中存在的问题及解决方案，最终实现大数据与企业战略相结合，为企业发展提供有效的建议和支持。

（二）技术的支持

大数据的运用需要相应的技术支持，要求企业人力资源管理者准确掌握大数据技术，这可能会使国有企业的人力资源管理部门的人员结构发生一些变化。企业应在传统的人力资源管理岗位上，增加一些既了解人力资源管理知识，又掌握大数据技术的人才，这类人才需要掌握和灵活运用数据分析技能，这势必对国有企业的人力资源管理提出了更高的要求。国有企业需要根据自身的实际情况，招聘新的具有大数据技能的人才或者对现有员工进行专门的大数据技能培训，保证大数据技术在国有企业人力资源管理中的有效运用。

（三）信息的可信度和员工的隐私

大数据要作为企业管理决策的依据，就要保证所获取的信息必须是准确的。如果对获取的数据不加以甄别，认为数据本身就能够代表事实，那么很可能会被数据的表面现象所欺骗。如何在海量的数据中获取对国有企业人力资源管理有价值的信息，如何确保员工提供的信息是真实的，这就需要人力资源管理者做好预案，并且在实践过程中对预案不断进行调整。

信息安全也是国有企业人力资源管理者必须考虑的问题。大数据技术的应用需要获取员工的基本信息及工作中的实时数据，就必然面临大数据的权属与员工隐私的问题。国有企业不仅要科学、合法地获取员工的有效信息，还要保护员工的隐私，这就需要国有企业拥有较强的信息处理能力，还要有一定的信息保护技术。

大数据技术在国有企业的人力资源管理实践中具有很高的价值和潜力，但在运用过程中也面临巨大的挑战,如何有效地在国有企业的人力资源管理中引进大数据技术,使国有企业的人力资源管理为企业战略提供有力的支持,还需要进一步实践和研究。国有企业具有自身的局限性,这些局限需要新的管理技术和新的管理理念来打破。只有不断尝试改革与创新,国有企业才能在激烈的市场竞争中找到较好的出路。

第七章 创新视角下的人力资源管理

第一节 人力资源管理的创新管理理念

全球化的步伐已经越迈越大，在这样的时代背景下，市场经济的竞争更加激烈，企业之间的竞争逐渐从科学技术的竞争、管理模式的竞争，发展到人才的竞争。21世纪，企业的发展更多依靠的是优秀的人力资源，人才储备才是决定一个企业实力的最大因素。从某种程度上说，一个企业能否在激烈的市场竞争中脱颖而出，依靠的是能否吸引优秀人才，并利用优秀的企业文化将这些人才留下来。

随着时代的进步和发展，时代的特点与性质发生了巨大的改变，尤其是在互联网时代来临之后，新的时代特点更加凸显。体现在一个企业的运营上，就是人才对于企业的重要性越来越大。在互联网时代，企业要想不被淘汰并在众多企业中脱颖而出，就需要不断地创新，而企业在创新和新产品研发中依靠的就是优秀的人才，优秀的人才能够帮助企业更好地适应激烈的市场竞争。因此，企业应该顺应时代的变化，充分认识人才的重要性，改革企业内部的人才管理模式，为企业不断地注入新鲜的血液，促使企业保持活力，获得长足的发展。

一、企业中人力资源管理的重要性

随着时代的进步和发展，企业对人力资源管理提出了更高的要求，实施合理的人力资源管理，可以帮助企业形成优秀的企业文化。在市场扩大的情况下，企业之间的竞争更加激烈，企业要想脱颖而出，只能依赖于自身的企业文化对优秀人才的吸引，将优秀的人才资源转化成企业利益。企业各种工作的顺利展开，都是基于对优秀人力资源实施科学的管理。

二、人力资源管理的创新理念

（一）人力资源管理组织结构优化

以往的企业内部人力资源管理组织结构都是纵向的、等级森严的组织架构。在这样的组织架构下，有着严格的等级制度，即下级只能够向自己的上级进行信息汇报。如果下级越过自己的上级向更高一级的人员传达信息，则会被视为一种不恰当的行为，会引起自己上级的不满。这样的信息传达是低效的、不全面的、不完整的。新时代下的人力资源管理组织结构应该是更加多元化、多方向的，且是扁平化的一种组织结构，更加有利于信息的传播和直接的沟通。在新时代的背景下，沟通的效率和信息传播的速度决定了企业的盈利空间。

（二）建立相关的人才培养体系

企业与人才之间是双向选择的关系，企业可以建立相关的人才培养体系，培养优秀的符合企业自身发展需要的人才。虽然这与招聘来的优秀人才相比，需要更多的前期投入和支出，但是这样培养出的人才对企业会更有归属感。归属感能够帮助员工更加积极地投入工作当中，对于有归属感的员工来说，工作不再是一种养家糊口的方式，而是其实现梦想和自我价值的重要方式；企业对于他们来说，就是另外一个家。而在培养人才的选择上，刚进入社会的大学生是再合适不过的了，他们刚离开校园，学习力更强，能够快速地吸收并掌握新的知识和技能。

（三）创新人力资源管理方式

进入 21 世纪之后，市场进一步扩大，越来越多的新兴行业在市场中崭露头角，市场对于优秀人才的需求也越来越大。对于在新时代成长起来的年轻人来说，企业能否对他们产生吸引力主要依赖于企业文化。良好的企业文化能够让员工把工作当成一种享受，他们能够更加积极、主动地投入工作当中；而对于文化较差的企业中的员工来说，工作可能是一种无意义的劳动，他们从中得不到快乐。企业文化形成所依赖的岗位是人力资源管理岗位，该岗位的人员最了解员工的需求是什么，并创设条件对其需求予以满足。因此，企业应该创新人力资源管理模式，促进良好的企业文化的形成。

三、以人为本的核心管理观念

（一）注重员工的工作环境

以人为本的人力资源管理理念重点在于企业要主动去了解员工的工作需求，并且积极满足员工的工作需求，这样才能够将人才留住。对于企业员工来说，工作环境很重要。员工的大部分工作时间都是在办公桌附近，办公桌附近就是员工在企业中拥有的一片小天地，其环境水平会对员工的工作积极性产生极大的影响。良好的环境更能让员工有一个很好的心情，以更加积极的心态去面对工作中遇到的挫折；而较为恶劣的环境不仅会影响到员工的工作情绪，还有可能造成这种情绪在员工中的传播，不利于和谐工作环境的建设。因此，企业要关注员工的工作环境，为员工营造良好的工作环境、和谐的工作氛围。

（二）注重企业文化的培养和建设

企业应该认识到企业文化的重要性，在新时代，企业文化才是其吸引人才、留住人才的关键。优秀的企业文化能够给员工带来归属感及认同感，能够增强员工的工作积极性。因此，企业应该注重自身企业文化的培养和建设，才能吸引到更多的优秀人才。

（三）满足员工个性化的工作需求

个性化的工作需求是新时代背景下员工普遍存在的工作特点，他们需要更加弹性的工作时间、更加自主的工作模式，这些都是知识型人才的典型需求，企业应该最大限度地满足这种需要。对于知识型人才来说，他们的工作灵感可能来自于生活、来自于工作以外，所以企业可以建立弹性的工作时间管理机制，只要员工的工作时间满足一定条件即可，至于具体的工作时段分布等，员工可以自行调配。

现如今，人才已经成为企业的一种即时战略资源，企业除了需要认真思考如何通过优秀的企业文化等吸引优秀的人才，还要思考如何将这些人才留住，保证自身的人才资源储备，如此才能拥有较好的发展前景。

第二节 新经济时代背景下的人力资源管理创新

人力资源管理是管理学中的重要内容，也是企业生存和发展过程中的一项重要工作。在新经济时代背景下，人力资源管理的创新是企业长足发展的灵魂。企业只有不断进行人力资源管理的创新，才能提升核心竞争力。在市场经济竞争日益激烈的形势下，企业需要依靠人力资源管理的创新生存和发展。本节探讨了新经济时代背景下的企业人力资源管理创新问题，简要论述新经济时代特征和企业人力资源管理的必要性，重点阐述新经济时代企业人力资源管理创新的思路，以期为企业发展提供一定的参考与借鉴。

科学技术是第一生产力。依靠科学技术的不断进步与发展，我国的经济水平得到了突飞猛进的发展。近年来，随着计算机技术和互联网技术的普及，几乎所有的行业都与网络共享经济模式息息相关，一种全新的经济模式已经到来。相比传统的经济模式，新经济模式通过计算机技术、互联网技术、信息技术与人力资源的有机结合，促进了经济社会的进步与发展。随着新经济时代的深入发展，新经济对企业管理模式提出了更高的要求，特别是在企业的人力资源管理方面，必须要进行相应的改革，以适应时代的需要，为企业的生存与发展保驾护航。

新经济时代对企业的人力资源管理提出了前所未有的挑战，这也是企业变革人力资源管理的一个较好机会。因此，企业要想在激烈的竞争环境中生存和发展下去，就必须注意提升企业的人力资源管理水平，不断优化人力资源管理模式。

一、新经济时代特征与企业创新特征

为了适应经济时代的发展要求，企业的人力资源管理模式必须由传统的管理模式向以创新为驱动的新型人力资源管理模式推进。反之，如果企业还是坚持传统的人力资源管理模式，一味地照搬照抄他人的模式，没有基于自身实际变革与发展创新，企业终将会被新经济时代所淘汰。

（一）新经济时代的特征

通常，新经济时代有广义和狭义两种范畴。广义的新经济时代泛指在全球经济一体化浪潮下，主流经济的发展模式。狭义的新经济时代特指与 20 世纪 90 年代以前传统经济模式的区分，它的显著特点就是能够在具有很高失业率的条件下仍然能维持经济的增长。

（二）创新与企业创新

在新经济时代，创新也有广义和狭义两种范畴。广义上的创新是指一种创新的过程，描述事物的发展、新事物产生与创新的成果。而狭义上的创新不关注创新的过程，只关注创新的成果。因此，在狭义上的创新中，凡是具有新的事物形态或在新的时代背景下的特征事物都可以被认为是一种创新。通常情况下，企业创新是基于广义上的创新进行的。这是因为企业往往是被看作一个独立的法人或者独立的经济体，企业为了追求利益最大化，维持其在激烈的市场竞争中的生存与发展，就必须在管理模式和应用技术上不断创新，研发新产品，开发新模式，这是企业依靠创新自我完善和发展的过程。在我国，随着市场经济体制的不断完善，企业的外部环境已经发生了较大的变化，企业创新具有十分鲜明的时代特征。

二、新经济时代人力资源管理创新的必要性

在当前经济社会不断发展进步的大背景下，经济模式改革不断深入，企业的外部生存和发展环境已经发生了本质性的变化。在市场经济全面开展的时代背景下，企业的竞争变得日益激烈，这对于企业创新的要求也变得越来越高。因此，如果一个企业仍然坚持传统的发展思路，单纯依靠自身的业务系统维持企业的运行和发展，则很难适应新经济时代的环境，很难取得长足的进步与发展。反之，如果企业能够认清当前的市场环境，对企业的人力资源管理模式进行彻底的变革，就可以激发企业的活力，获得持续发展的动力。

在新经济时代背景下，企业必须继续强化人力资源管理创新，以充分发挥人力资源管理在企业生存和发展中的巨大优势，全面提升企业员工的综合素质，使员工能够适应当前复杂、激烈的市场竞争环境。企业要特别注重对核心员工和知识型员工的培养，使

其能够为企业的长足发展提供持续不断的动力。企业要充分认识到,改革人力资源管理模式不仅仅是为员工规划了目标鲜明的职业生涯,也为企业的发展奠定了坚实的基础,这是实现员工与企业双赢的举措。

此外,新经济时代与传统经济模式显著的不同在于互联网经济对各行各业产生了十分深远的影响,信息技术已经深入各行各业。企业必须改变传统的经营模式,注重提升自身的人力资源管理水平,充分调动员工的工作积极性,维护员工的利益,实现企业人力资源管理效率的综合提升。

三、新经济时代人力资源管理创新思路

(一)树立以人为本的基本理念

在新经济时代,企业要想对人力资源管理进行科学合理的优化,先要更新用人理念,从理念层面进行深化改革,要让人力资源管理者充分意识到人力资源管理对企业生存发展的重要性。要将人力资源管理放在企业发展的核心位置,通过对人力资源管理的优化,提升企业整体的发展活力,实现企业有序发展。因此,企业在发展过程中要注重以人为本的用人理念,充分尊重员工、信任员工、维护员工的权益,使员工切实体会到集体归属感,提升企业员工的主人翁意识,促使员工为企业的发展做出更大的贡献。在企业人力资源管理中树立以人为本的理念,还要注意解决原有的单纯停留在理论层面的问题,要深入基层,解决员工的实际问题,在企业运行过程中营造良好的人际关系。

(二)合理运用柔性管理

在新经济背景下,企业的人力资源管理要注重实效性。为了使企业的人力资源管理取得良好的作用,需要制定有针对性的柔性管理措施。在企业人力资源管理过程中,柔性管理能够更好地为员工服务,充分发挥员工的主观能动性。传统的企业人力资源管理过于强调管理的规范化与制度化,管理缺乏弹性。虽然传统的规范化的人力资源管理取得了一定的成效,但却是以牺牲员工与企业、员工与领导间的亲密关系为代价的,不利于企业形成良好的人际关系,容易引发员工与部门领导之间的矛盾,不利于企业的发展。基于传统企业人力资源管理存在的问题,柔性管理在新经济时代背景下企业人力资源管理中的作用就凸显出来,是现代企业人力资源管理的重要方面。柔性管理就是借助各种

方式促使企业员工形成相对一致的企业价值观，对企业的发展与稳定具有一定的信心。企业通过实施柔性管理，为员工营造一个相对宽松的工作环境，使员工能够切实地感觉到自己是企业的主人，积极主动地为企业的发展贡献力量。

（三）营造创新文化

新经济时代背景下各企业都在努力谋求发展，在企业发展的过程中，创新已经成为必不可少的发展动力。因此，在新经济时代背景下，企业的人力资源管理要注重营造良好的创新文化氛围。创新不但是企业长期发展的必要条件，更是解决眼前运行中存在问题的有效手段。为此，企业必须在人力资源管理的改革中努力培养一批高素质的创新型人才。在这个过程中，人力资源管理的重点工作就是营造创新文化氛围，使员工人人敢创新、人人能创新，推动企业向创新型企业方向发展。

（四）促进企业和员工共同发展

在新经济时代下，企业要做好人力资源管理工作的创新，还要注重企业发展和人才建设之间的关系，促进企业和员工共同发展。只有这样，才能保证人力资源管理切实为企业的发展做出贡献，避免核心人才流失。例如，企业要为员工制定长期的职业发展规划使员工获得归属感，并且员工能够围绕企业制定的职业规划努力提升自己的业务水平，从而促进企业与员工共同发展目标的实现，可以有效地避免企业发展和员工进步之间出现矛盾。

在新经济时代背景下，企业要想获得长足的发展，必须优化人力资源管理工作并进行创新，为企业发展储备必要的人才，为企业的发展奠定坚实的人力资源基础。

第三节 互联网时代下的人力资源管理创新

互联网对企业的人力资源管理产生了深远的影响，包括人力资源的全球化发展、人力培养的自助化、交互性增强、人力资源管理目标的多元化、人力资源管理的信息化等。

在这种背景下，人力资源管理工作需要借助大数据技术招募人才、利用信息平台开展绩效管理、加强企业与员工的沟通、通过信息化测评实现人才价值的全面提升等。

随着互联网技术的广泛应用，人们越来越习惯通过网络开展工作、丰富生活。另外，在互联网时代，人力资源倍受重视，互联网也给人力资源管理带来了一定的挑战。对此，深入分析互联网时代人力资源管理的创新策略是十分必要的。

一、互联网对人力资源管理的影响

（一）人力资源的全球化发展

在传统的人力资源管理视角下，人们发挥自身的才能受到了地理位置的限制。而互联网使得个人能够向全世界展示自己的才能，也可以从更广阔的视角发现自己的优势并向更多企业推荐自己。由此可见，互联网能够将人才与人才需求方建立起点对点的联系，促进了人才的最优布局。

（二）人力培养的自助化

互联网上拥有海量的信息，包含了各个专业和领域的知识，而个体可以通过免费或者付费的方式随时随地接受教育，这就使得人力的培养更加自由，甚至能实现自助培养，也在一定程度上使得人才更加多元化。

（三）交互性增强

作为人力个体来说，其可以通过网络社交工具与更多的同专业、不同专业的群体进行经验和教训的交流，使得人才与用人单位之间的信息不对称现象逐步减少，用人单位能够了解到更适合自身的人才，个体也更容易准确地找到适合自己的单位与岗位。

（四）人力资源管理目标的多元化

在传统的人力资源管理中，管理者根据个体的专业和经验进行定向培养，例如技术的继续提升、管理经验的积累等。而互联网的发展使得人力资源管理目标更加多元化，经常进行技术型人才与管理型人才培养目标的互换，人力资源管理者也可以对个体的培养进行更加宏观的指导。

(五) 人力管理的信息化

就人力资源管理来说，互联网给其带来更多的信息化元素，使得管理更高效、更透明。

二、互联网时代人力资源管理创新的对策

(一) 借助大数据精准招募人才

大数据技术的可贵之处在于其能够根据海量的数据发现其中深藏的规律，给决策者提供有用的信息。现阶段人才的流动性更强，其个体信息也在不断变化，这就需要用人单位，特别是人力中介、招聘网络平台等，对人力信息进行动态管理，尽量掌握人力的最新动态信息，并基于这些信息进行筛选和云计算，精准实现用人单位与人力的对接。通常情况下，人力资源个体会将自己的信息呈现在招聘平台上，而招聘平台就能够对这些信息进行综合分析，包括个体的基本信息、工作经验、学历、专业等，收集其求职的时间节点，如待业时间、上次就业时长等，并对其经常上网的时间和地点等进行综合分析，也就是会把与求职者相关的已知信息进行全面的、综合的分析。同样，招聘网络平台也会将招聘方的信息进行综合分析，及时有效地清除不合规的用人单位，为合规用人单位推荐符合其需求的人才。

(二) 利用信息平台开展绩效管理

人力资源管理的重要工作是对人员进行管理。在传统的管理视角下，绩效管理虽然在一定程度上提升了内控效果，但也因绩效考核本身增加了员工的工作量。而信息技术则可以依靠定位、工作量的完成度等动态地审批员工的工作，有效提高员工的工作效率。同时，采用多元化信息技术进行的人力资源绩效考核，会使考核过程和结果应用更加透明，使得考核更加高效和公平。

（三）强化与员工的沟通

互联网可以使企业员工了解到更多的信息，也使得企业管理者与员工之间的沟通更加便捷。因此，企业的人力资源管理工作者应当加强与员工之间的沟通，及时收集员工的反馈信息，根据员工的心理状态进行情绪、心理抚慰，或者根据其需求开展技术培训。在具体的实践中，建议相关企业借助互联网办公工具来实现这种有效的沟通。

（四）开展信息化测评，实现人才价值的全面提升

人力资源是社会最丰富的资源，但很多人不知道自己的潜能，不了解自己的优势，由此就造就了资源的浪费。招聘平台借助互联网与相关计算方法，面向个体进行精准测评，使个体能更好地了解自己，并为个体提出更为合理的就业方向建议，还能促进用人企业进行岗位的精准选择。而对于企业内部的人力培训来说，也可以借助互联网信息测评方法，对员工进行全面了解，依据员工的特点和能力，实现最佳岗位分配，实现个人价值的最大化，也实现企业利益的最大化。

在互联网改变了人们生活和工作方式的大背景下，人力资源管理也应该由更加宏观的角度，借助互联网的思维模式，实现对人力的精准认知、精准提升和共享。同时，企业应该在人力资源绩效管理中全面采用信息化技术进行考核，以提升管理的效率和透明性。

第四节 新常态背景下人力资源管理创新的意义

新常态背景下的经济战略目标的主要特点是经济增长速度转向中高速，发展方式转向质量效率型，发展动力从主要依靠资源和低成本劳动力等要素投入转向创新驱动。企业在新常态的经济环境下起主导作用，对我国市场经济持续发展有重要影响。而人力资源又是企业的重要资源，影响着企业的持续盈利能力。因此，新常态下的企业人力资源管理给企业带来了更多的机遇，也带来了全新的挑战，企业只有不断创新思路，才能更好地应对新常态下人力资源管理的变化。

随着经济的发展，企业传统的经营和管理模式已经不适应当前的经济发展环境，健

康可持续发展的理念逐渐深入人心。新常态背景下我国的经济发展逐渐变为以创新为驱动力，一些新的技术和商业模式被不断地运用到企业的经营和管理当中，有效地促进了企业经济效益的提高，但对于中小型企业来说，在新常态背景下取得较大的发展意味着要面临更大的挑战。企业在发展过程中应充分地认识到人力资源管理对于企业生产要素的能动性作用，并且也是企业当中最为活跃的要素，企业人力资源管理的创新，对于企业的长远发展具有非常重要的意义。

一、进一步提升人才供应机制的灵活性和便捷性

从企业发展的角度来看，人才始终是企业发展的内在动力和根本力量。在新常态背景下，人才招聘制度、人力资源管理体系应当与企业发展方向保持一致，以保证企业发展的稳定性和持续性。可结合企业的实际发展状况，引进具有高素质、高技能的人才，针对各个岗位需要配置人才，以保障整体的工作效率和质量。另外，在新常态背景下，人才的供应方式应具备简单、灵活的特性，以便实现高效聚集人才的目的。除了常规的人才招聘形式外，还可以利用互联网平台积极拓展招聘渠道。

二、完善动力激发体系，最大程度地激发员工的积极性

企业放眼于未来发展，必须意识到高质量人力资本是其发展壮大的根本保障。在新常态背景下，应建立企业的动力体系，企业人才的合理配置、人力资源管理与企业的动力体系间存在着密切的关系，完善动力激发体系对企业人力资源管理至关重要。企业人力资源部门应制定必要的人才任用及激发机制，激发员工的积极性，使其自发地、积极地为企业创造价值。

三、依靠企业创新技术，实现企业的人力资源管理

在的新常态背景下，企业发展的信息化、高效化及扁平化管理能力和质量进一步提升，企业内部的社交化人力资源管理制度和模式进一步发展，企业内部的人员交流成为企业人力资源管理发展的关键。企业应通过加强人力资源管理的信息化水平和质量，体现日常管理事务的高效化和信息化。给予员工多种学习方式和渠道，不仅会使企业资源

得到合理利用，更利于整合企业资源提高企业竞争能力。因此，新常态背景下的人力资源管理，应改变传统的观念，创新人力资源管理方式，以提升企业竞争能力、激发人力潜能为主要目标。

四、创新绩效考核方式，完善薪酬管理制度

企业员工的薪酬和福利制度直接与企业的绩效考核挂钩，只有制定科学、合理的绩效考核制度，才能真正提高员工工作的积极性和主动性。相关数据表明，薪酬体系与员工对企业和工作的满意度具有直接相关性，但一些企业中实施的薪酬管理方式和绩效考核方式还需进一步完善，也需要人力资源管理部门对薪酬管理制度进行创新，根据各个岗位的情况制定科学、合理的绩效考核方案和薪酬管理制度。在新常态背景下，企业应积极借鉴其他优秀企业的薪酬管理和福利制度，如给优秀员工、技术创新和研发人员提供更多的薪酬和福利分配方式，可以有效缓解企业在改革和创新中产生的劳动纠纷等问题，促使企业更快更好地发展。

五、合理构建企业收益分配机制

企业招募优秀人才的目的是希望将企业做大做强，最终实现企业效益和人才双赢的局面。在传统的人力资源管理中，只关注了企业与人才之间的矛盾性，并没有关注其统一性；而现代人力管资源管理创新必须摒弃这一点，合理构建企业收益分配机制，让每个员工都参与企业利益的"大蛋糕"的分配，促使员工不断提升工作能力。

六、制定人才战略发展规划

企业发展归根结底离不开员工的不断付出和努力，企业应制订合理的人才培养计划，为企业储备优秀的人才。企业不仅要对员工进行培训、培养，还要根据企业的发展战略制定详细的人才战略发展规划。企业在制定人才战略发展规划时，也要为员工的利益做出一定的规划，例如员工的培训及晋升规划等，提高员工的工作积极性，留住优秀人才。

时代在不断发展进步，企业应创新人力资源管理方式，制定科学、合理的战略目标

规划，才能在瞬息万变的市场竞争中取得更好的发展。

第五节 胜任力分析与人力资源管理创新

随着时代的进步和科技的发展，传统的人力资源管理方式已不适应社会的发展需要，表现出多方面的劣势。近年来，许多学者逐渐开展了人力资源的胜任力研究。

一、胜任力的含义及其特征分析

胜任力之所以能引起企业管理者的关注，是因为著名学者戴维·麦克利兰对其进行的研究。企业在进行人员招聘的时候，通常运用智力测验等方式来对应聘者进行评判和筛选，但是这样的手段不能有效地预测应聘者能否在从事复杂的工作和更高层次职位工作时取得成功，这样的评判标准对于某些特定人群来说是不公平的。因此，胜任力的概念被提出后，很多企业用胜任力分析来对应聘者进行评判，大大提高了测试的公平性和准确性。关于胜任力的具体含义，学术界还有争议，尚未达成统一的结论。但一般来讲，胜任力可以理解为绩优者所具备的知识、技能、能力和特质。

一般情况下，胜任力包含如下特征：

1.个体特征

表明了人的特质属性，决定着个体的行为方式和思维方式。人的个体特征一般包括知识、技能、自我概念、特质和动机，其中，知识和技能是人能够直接对外表现出来的特征，特质和动机则是埋藏于个体内心深处不外显的特征。知识、技能和自我概念都是可以通过培训而改变的，人的特质和动机很难通过外界因素来改变。人的特质和动机恰恰就是评价和认识一个人的重要标准，通过胜任力分析，企业可以清楚地认识到个体之间的差别，是区分绩优者和绩差者的重要标准。

2.行为特征

个体的行为特征是指在特定情境下对知识、技能、动机等的具体运用。一般来说，人在面临相似情景的时候可能会有相似的行为特征。

3.情景条件

胜任力需要通过一定的工作情景才能够体现出来，对于不同的职位、不同的行业，胜任力模型都有差异。

二、基于胜任力分析的人力管理创新

（一）岗位分析

传统的岗位分析将工作的组成要素看得较重，但是随着企业的发展，传统的岗位分析已不能适用于新的人力资源管理模式。基于胜任力分析的岗位分析是一种新型的岗位分析模式，一般是对在某工作岗位上表现特别优异的员工进行分析，根据其优秀特质，来规定此岗位的职责，定义此岗位需要的胜任力。

（二）人员招聘

传统的人员招聘主要依靠面试的方式对应聘者进行评判和筛选，此外也可能会对应聘人员进行知识、技能的考核。但是，基于胜任力分析的人员招聘是在岗位分析的基础上，根据所招聘的工作岗位特征来选拔适合该岗位、能够胜任该岗位工作的绩优者。简单地说，能够做这项工作的人可能有很多，但是能够胜任这个职位并且将该职位工作做得很好的人却不多，所以需要将人与岗位进行匹配，从知识、技能等方面来进行多方面的测评。

在实际的招聘过程中，企业的人力资源管理者要根据招聘岗位的特点和工作内容来对应聘人员设置具体的考察内容。例如，企业招聘的是销售岗位，就要求应聘人员具备很好的亲和力、良好的沟通技巧和强大的心理承受能力，所以从与应聘人员接触开始，考察也就开始了，应聘人员的言谈举止可以表达出很多内容，也可帮助人力资源管理者评判应聘人员是否能够胜任销售这项工作。

（三）员工培训

基于胜任力分析的员工培训是对员工从事特定职位所具备的个体特征进行培养，由此来增强员工的相关知识技能，促使员工在此岗位上能够取得更好的绩效。对于企业来说，员工培训也是一项投资，能够帮助员工学习新技能、新知识，进而促进企业的发展，所以对员工进行培训是非常有必要的。

由于不同行业、不同职位的胜任力特征模型存在差异，企业需要对不同职位的胜任力进行分析、总结，由此来确定员工培训的内容和方向。此外，从人才培训的角度来看，对于那些悟性高、可塑性强的员工，企业应当用最好的培训资源对其进行培训，帮助员工快速成长。

（四）薪酬管理

从薪酬管理的角度来看，胜任力分析能够帮助企业在薪酬管理方面获得新的思路。企业应当对员工的贡献价值、工作重要性等多方面进行评估后再制定绩效考核标准，运用胜任力分析能够更好地帮助企业进行绩效评估。员工不需要通过传统的职务晋升方式，而只需要提高自身的专业水平就能得到较高的薪酬，这种薪酬管理模式更利于企业吸引人才。但是，基于胜任力分析的薪酬管理模式并不适用于所有类型的企业，而只适应于知识型企业，其他类型企业的员工的工作内容比较广泛，不能对其工作成果进行直接评价。

（五）员工激励

通过胜任力分析来对企业人力资源管理的激励方式进行考量，其作用效果非常明显。所谓激励，就是通过一定的方式鼓舞人，来使其产生自信心、进取心，促使人的天赋和潜能得以展现，最大程度地实现自我价值。通过外在不同条件的刺激对人的主观能动性产生调动作用，企业必须建立一套科学的、高效率的薪酬管理体系，加强对员工的激励。建立健全企业的薪酬激励机制，鼓励员工在各自的岗位中努力工作，促进企业凝聚力的提升，实现的企业发展目标。

（六）员工的职业发展

帮助员工进行职业规划是现代企业必须做的工作之一，职业规划让员工对自己的未来充满期待，感受到自己的价值，从而促进企业与员工的共同进步与发展。对员工的胜任力进行分析，可以帮助员工更了解自己的特质，引导员工进行职业规划，并在实际工作中给予一定的支持和引导。对于企业来说，这不仅能帮助员工提高个人的工作能力，也是帮助企业长远发展的重要环节，是实现企业与员工共同发展的重要手段。

  随着时代的进步，企业的人力资源管理工作发生了重要变革，企业要创新人力资源管理模式，胜任力分析的出现给企业人力资源管理创新提供了新的思路。通过运用胜任力分析，能够实现企业人力资源的合理分配，促进企业与员工的共同成长，对于完善企业的人力资源管理体系有着重要的意义。

第八章 基于公司战略导向的人力资源管理构建体系实践探索——以H公司为例

第一节 H公司人力资源管理现状及问题分析

一、H公司人力资源管理现状

H公司（为某公司化名）在发展中是以人力资源部门作为公司的整个支撑的，其人力资源管理现状如表8-1所示。

表8-1 H公司人力资源管理现状

人力资源管理模块	现 状
人力资源规划	公司对于人力资源规划活动比较重视，开始尝试着进行有针对性的人力资源培养以及储备
招聘	根据人力资源规划进行人才招聘，包括校园招聘与社会招聘
培训与开发	比较重视员工的培训工作，公司内部成立了专门的培训中心，进行定期与不定期的培训，培训的过程中会根据培训的需求来制订具体的培训计划
绩效管理	公司已经建立起了较为系统的绩效管理体系，在实施中主要是遵循循序渐进的原则，员工已经建立基本的绩效考核意识
人事管理	建立了职工个人档案，对职工相关信息进行整理，建立了较为完善的人事管理制度

续表

人力资源管理模块	现　状
薪酬管理	设计了比较完整的薪酬体系,设置了物质与精神激励相辅相成的激励体系,以此来提高员工工作的积极性
员工关系管理	注重对员工合法利益的维护,为员工提供安全、健康的工作环境
人事管理	建立了职工个人档案,对职工相关信息进行整理,建立了较为完善的人事管理制度

H公司在人力资源管理方面已经从之前传统的人事管理过渡到了现代人力资源管理阶段,且是以职工的绩效考核作为主线,以人力资源规划作为前提,以职工的招聘和培训、薪酬的管理、员工关系的管理等作为辅助,构建起的人力资源管理体系。H公司虽然在人力资源管理方面设置了职能部门以及相应的组织体系,但在公司的进一步发展中,随着规模的扩大以及运营难度的提高,需要更高效的人力资源管理体系与之匹配。

为了更好地了解H公司人力资源管理的实际情况,笔者以搜集公司内部相关资料、访谈及问卷调研等多种方式来对H公司的人力资源管理现状进行分析。问卷调查中总共发放172份问卷,有效回收170份,问卷内容主要涉及公司的人员配置、绩效考核、薪酬体系、员工关系、培训等各个方面。

二、H公司人力资源管理中存在的突出问题

H公司的人力资源管理虽然形成了相对来说比较完善的体系,经历了从传统人事管理到科学人力资源管理的转变。但是目前H公司的人力资源管理水平依然不高,笔者在调研以及对公司内部资料的整理分析中发现,H公司的人力资源管理之中依然存在不少的问题,主要表现在下面几个方面:

(一)人力资源规划缺乏系统性

在此次针对H公司人力资源管理状况的调查中发现,公司整体上对人力资源的规划比较重视,并将其列为人力资源管理中的一个部分。但是人力资源规划更多的是依赖经验,规划随意性比较大,与公司的发展战略以及目标关系不大,有部分员工对于自己在

实现公司目标中的作用并不明确。

为了对 H 公司的人力资源规划情况进一步进行说明,笔者主要通过对员工的岗位胜任情况、员工素质对公司发展的适应性、员工对公司人才的培养与储备的看法方面来进行调查。此次调查结果显示,有 52％的被调查者认为其对岗位是完全胜任的,有 48％的被调查者认为其对岗位是不胜任或者是一般胜任的。

从员工素质对公司发展的适应性方面来看,有 47％的被调查者态度比较积极,认为公司员工的素质与公司的发展之间是相互适应的;而有 25％的被调查者表示不清楚;有 28％的被调查者认为不相适应。从员工对公司人才的培养与储备的看法方面来看,有 27％的被调查者认为公司在人才培养与储备方面做得比较好,有 2％的被调查者认为做得非常好,有 28％的被调查者认为一般,有 40％的被调查者认为做得不好,有 3％的被调查者认为做得非常不好。

(二) 人力资源管理制度缺乏完善性

H 公司目前在人力资源管理中虽然建立了制度体系,但是人力资源管理的水平依然不是很高,制度依然缺乏完善性。此次调查结果显示,65％的被调查者认为公司目前拥有较为完善的管理制度以及管理流程。

(三) 岗位设置存在问题

岗位设置是人力资源管理中的一个重要部分,H 公司的人力资源管理存在着岗位责任不明确的问题,公司本身缺乏有效的岗位评估体系,这使得岗位责任的重点不突出,薪酬激励的效果等也大打折扣。同时薪酬项目的结构也比较分散,薪酬的重点以及岗位之间的差别比较大。在此次的调查中,有 54％的被调查者认为公司的激励机制并不是很科学。

(四) 公司招聘体系缺乏对职工成长的驱动

H 公司的招聘体系从目前来看并不是很完善,对于员工成长的驱动以及引导力不足,同时,公司往往忽视员工的职业生涯规划,这都在一定程度上导致了员工的积极性不足。此次调查结果显示,有 56％的被调查者认为在公司的发展以及晋升空间有限。此外,绝大多数被调查者认为公司在人力资源管理中应该明确员工的职业生涯规划,以此来更好地促进员工的成长。

（五）薪酬体系与公司发展战略脱节

H公司在人力资源管理中存在的一个突出问题就是薪酬体系与公司的发展战略出现了脱节，岗位之间的相对价值在一定程度上失去了平衡，不能够有效地支撑公司的发展。一方面，由于权力过度下放，不同的层级、部门对于薪酬的外部竞争力有不同的看法，没有一个可以衡量的标准，使得薪酬的确定、调整等缺乏客观依据。另一方面，H公司的薪酬存在着不公平的现象，公司现有的岗位工资标准还是公司刚成立时制定的标准，调查结果显示只有23%的被调查者认为自己当前的薪酬水平能够体现出自己的贡献率。同时"全浮动"的薪酬结构无法充分地调动起员工的积极性，加之没有系统有效的调薪机制，使得员工对薪酬的满意度比较低。

（六）绩效考核体系不完善

H公司对于员工的绩效考核一直都比较重视，员工也逐渐树立起了绩效考核思想意识，但是目前H公司的绩效考核体系依然不完善，绩效管理的目标与公司发展战略之间的匹配度比较低，且绩效考核的成本也比较高，指标体系的设置还需要进一步完善。特别是公司对绩效考核中的沟通与改进有所忽视，使得绩效考核问题比较突出。

（七）培训效果不佳

调查结果显示，H公司对员工的培训非常重视，特别是针对管理人员、技术性员工。公司针对培训工作专门设置了培训预算，设置专门独立的培训中心来进行培训，并针对员工的培训进行了制度性的规定。但是培训效果依然不明显。这种问题出现的主要原因是整个培训体系缺乏规划性，培训评估主要根据职工的主观感受来进行，缺乏科学的制定依据，关键是缺乏培训反馈机制，培训多流于形式，无法发挥出其应有的效果。调查结果显示，有27%的被调查者认为公司所实施的培训计划不合理；有35%的被调查者认为公司所实施的培训工作意义不大，对他们并没有很大的提升，反而有些点浪费时间。

三、H公司人力资源管理产生问题的原因

H公司人力资源管理产生问题并不是单独的一个因素作用的结果,而是多种因素共同作用而成的。具体可从内外两个方面来分析原因。

(一)内部原因

H公司人力资源管理产生问题和一些内部因素有关。目前,H公司还没有形成比较系统的管理模式,更多的是以项目作为核心来展开管理活动。虽然H公司近些年一直都在探索有效的管理模式,但还没有看到成效。另外,H公司人力资源部门的员工在知识以及技能等方面仍存在不足,无法将公司的战略与人力资源管理联系起来,没有专业的高级人力资源管理人才来为公司的人力资源管理制定科学、系统的体系。这些内部原因使得H公司的人力资源管理存在诸多问题。

(二)外部原因

H公司在发展的过程中面临着激烈的市场竞争,随着客户需求个性化以及多样化的发展,对于房产的设计、施工等要求更高,客户所需要的是高质量、高价值的产品。加之近些年我国房产行业的迅猛发展,国家也进行规范性的指导,这对H公司的经营以及发展提出了更大的挑战。公司在持续发展的过程中对于经营思路等的调整,在很大程度上影响了公司目前的人力资源管理体系。此外,公司的投资人对于短期回报的重视比较高,公司的决策层将目标主要放在了短期利益的回报之上,使得长期战略以及目标很难实现。公司对员工的重视度也不够。这些外部原因都使得人力资源管理存在诸多问题。

第二节 基于H公司战略导向的
人力资源管理体系构建

一、基于H公司战略导向的人力资源管理体系构建的意义

对于现代企业来说，人力资源本身是公司的核心资源，公司可以通过人力资源优势来赢得市场竞争优势，因此实施战略导向的人力资源管理有着很大的意义。一方面，对于企业来说，实施战略导向的人力资源管理策略有助于提升企业的执行力。企业的执行力主要是企业在发展经营过程中，为了达到战略目标所具备的能力以及动力，主要受到人力资源要素的影响。一般企业在制定以及实施发展战略的过程中，需要以战略作为导向，以系统、科学的人力资源管理体系作为支撑，以此来提升执行力。另一方面，战略导向的人力资源管理体系的构建有助于企业增强自身的核心竞争力。因为战略导向的人力资源本身是创造企业核心竞争力的关键所在，实施人力资源管理的实质也是为了通过优势的获取来增强企业的竞争力。所以只有当人力资源成为有价值、难以模仿的稀缺资源的时候，企业才能够通过拥有战略性人力资源来提升自身的核心竞争力。除此之外，建立起战略导向的人力资源管理体系，能够让企业在市场竞争之中获得优势，因为对于任何一家企业而言，能力优势的获取是一个长期的过程，更是一个不能被复制或者是被模仿的过程，也正是基于这样的特性，战略导向的人力资源管理才提倡长期性、持续性的理念。所以，战略导向的人力资源管理体系的构建能够为企业形成一种长期的竞争优势，能够作为稀缺的资源使得企业长期的利益得以实现。这也就意味着在激烈的市场竞争之中，以战略为导向进行人力资源管理体系的设计与构建有着至关重要的作用。

二、H公司战略导向人力资源管理体系构建思路

（一）以人力资源规划为纽带保持与公司战略的联动

H公司在战略导向的人力资源管理体系的构建中，应该以人力资源规划作为纽带来保持人力资源管理与企业发展战略之间的联动。企业在不同的发展阶段，会呈现出不同的特点。H公司已经进入第三个战略发展阶段，即"规模＋品牌"的战略阶段。在这个阶段，H公司需要以公司整体品牌和产品品牌的打造等为核心，继续发挥规模优势。但是公司在不同发展阶段对人力资源需求也不同，使得人力资源管理比较困难，在这种情况下，公司所制定的人力资源的供需很难达到平衡状态，这就要求制定与公司发展战略相关联的协同发展的人力资源规划。这也是整个战略导向人力资源管理体系构建的前提，通过战略导向人力资源管理的规划，H公司的人力资源与企业的需求能够保持联动，从而更好地满足公司的需求。

（二）以人力资源管理的高效系统为支持促进公司发展

以人力资源管理的高效系统来支持、促进企业的发展，这是H公司构建战略导向的人力资源管理体系的主要思路。因为高效系统的人力资源管理能够促进企业战略目标的实现，通过贴合企业实际情况的一系列人力资源管理活动的实施，人力资源管理的理念、机制、运作等能够形成一个有机的系统，系统的各个模块能够与企业的发展战略紧密关联。同时，高效的人力资源管理体系能够促使员工的素质能力与岗位之间形成较高的匹配度，以人力资源各个要素之间的有效协作来提升员工的岗位适应能力，最终使得人力资源管理体系更好地支撑企业的快速发展，以促进企业发展战略目标的实现。

（三）以人力资本的增值来获取公司的竞争优势

以人力资本的增值来获取企业的竞争优势，是战略导向人力资源管理体系构建的又一思路。人力资本已经成为企业获取竞争优势的源泉，企业通过整合各种知识、技能等，能够形成一种无法替代的能力优势，这也是支撑企业在市场竞争中立于不败之地的关键。在战略导向的人力资源管理体系的构建中，H公司需要充分重视人力资本，通过有效开发人力资源，形成公司独有的核心竞争优势，为公司的持续快速发展提供动力支持。

三、H公司战略导向的人力资源管理体系构建的目标及原则

（一）构建目标

H公司战略导向的人力资源管理体系的构建需要有目标性，战略导向的人力资源管理体系是与公司的发展战略紧密相关，为了有效支撑公司的发展战略而存在的。因此，在激烈的市场竞争之中，构建战略导向的人力资源管理体系的目标是获取战略性人力资源管理优势，以确保H公司的稳健、高速发展。H公司要以发展战略目标为基础来进行人力资源规划，然后通过对人力资源结构的不断调整以及优化配置，来提高人力资源的使用效率，提升公司整体的绩效水平，确保人力资本的增值，进而通过人力资本价值的创造与实现，形成核心竞争优势，从而更好地发展。

（二）构建原则

战略导向的人力资源管理体系本身是与企业战略紧密相关的有机体系，对于企业发展战略有着重要的影响。因此，在战略导向的人力资源管理体系构建的过程中需要调整好与战略的匹配问题。具体而言，H公司在战略导向人力资源管理体系构建的过程中应该遵循以下原则：

1.战略性原则

战略导向的人力资源管理体系的构建需要遵循战略性的原则，即所有的人力资源管理活动都是以公司的战略为基础，为实现公司战略目标服务的。同时，坚持战略性的原则需要公司在发展中将战略目标与员工的个人目标进行一致性处理，对战略目标进行有效的分解。如果公司内外部环境发生改变，那么公司就要对目标进行调整，使得公司与员工个人的目标之间相互匹配，共同促进战略目标的实现。

2.动态性原则

H公司在战略导向的人力资源管理体系的构建中还需要坚持动态性的原则，这与公司所在市场环境的变化息息相关。H公司在运营的过程中需要以市场环境为关注点，不断地调整自己的人力资源管理体系，使得两者能够匹配。因此，在战略导向的人力资源管理体系的构建中，H公司需要遵循动态性原则，使人力资源体系能够实时与公司的战略相匹配。

3.灵敏性原则

H公司在战略导向的人力资源管理体系的构建中还需要坚持灵敏性的原则，以灵敏的反应作为基础来迅速地适应市场的变化，精准把握公司的战略变化，以此来提升企业的核心竞争力。

4.系统性原则

H公司在战略导向的人力资源管理体系的构建中要坚持系统性的原则，确定人力资源管理体系构建的思路、目标、方案、实施步骤、内容以及保障等，使得整个体系的构建具有规范性以及可操作性。

5.成本效益原则

成本效益原则是H公司在进行战略导向的人力资源管理体系的构建过程中应该坚持的重要原则之一。因为构建任何一个科学合理的战略导向的人力资源管理体系都是一个较为漫长的过程，需要不断进行优化，还会涉及成本的消耗。所以坚持成本效益原则能够使H公司在构建人力资源管理体系时，一方面满足公司发展的需要，另一方面也不会让公司耗费过多的成本，能够促使公司在成本与收益之间探寻到一个很好的平衡点，继而促进公司持续、健康发展。

四、H公司战略导向的人力资源管理体系构建方案

（一）人力资源规划

人力资源的规划是战略导向人力资源管理体系的重要组成部分。H公司在制定人力资源规划的过程中需要以公司的内外部环境为基础，制定系统、科学的人力资源规划，并将其作为整个战略导向的人力资源管理体系的支撑，为公司实施高效的人力资源管理指明方向。当然，H公司在进行人力资源规划的实际操作中，需要以公司的战略为切入点以及着重点，对人力资源规划的目标以及流程进行明确。H公司的战略导向的人力资源规划需要包括人力资源管理的各个模块，如薪酬、绩效考核、招聘培训等，通过各个方面的调整来实现其与公司发展战略的匹配。

同时，H公司在人力资源规划的过程中还需要根据战略导向的人力资源规划，重点对职能部门以及绩效考评策略进行调整。H公司要参考实际发展战略，并对公司内部各个职能部门进行重新整合调整，将财务部门从行政副总的职务之中分离出来，设置专门

的财务总监来进行管理，同时设置营销总监来负责公司的产品销售业务。而在绩效考评策略的调整方面，H公司应该以公司的发展战略为基础，在绩效考评体系之中建立高效的沟通制度，即在每次考评完成之后，上级都需要根据员工的考评情况与之进行沟通。

同时，H公司在考评的过程中还应该建立起量化的标准，确保绩效考评的科学性以及可靠性。这里在对H公司现有的人力资源管理规划流程的相应调整中，是以人力资源需求的预测为出发点，对人力变动情况进行调查的，然后以部门为单位下发，在审核完毕之后，由人力资源管理部门来进行统一的统计分析，提出人力资源规划。H公司战略导向的人力资源管理规划应该遵循如图8-1所示的流程。

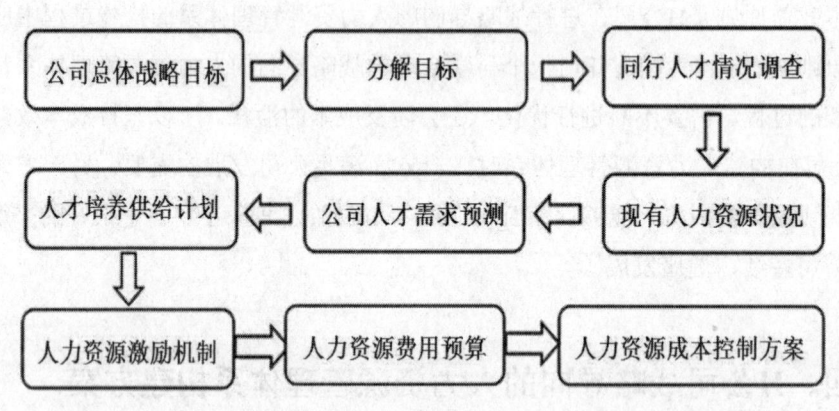

图8-1 H公司战略导向的人力资源管理规划流程

调整之后的H公司人力资源管理规划与公司战略紧密地结合起来了，H公司还根据人力资源的具体需求制订了人才培养供给计划，制订了人力资源激励机制、费用预算、成本控制等方案。同时，在人力资源规划中还需要引入职业生涯规划，这也是与公司战略相匹配的有效措施。通过职业生涯的规划，员工能够更好地寻找到适合自己的岗位，提高工作的积极性。

（二）招聘体系的构建

H公司战略导向的人力资源招聘体系也属于整个人力资源管理体系的组成部分。为了实现房地产发展战略的需要，招聘更优秀的人才，建立起专业、优秀的人才队伍，H公司需要以战略为指导来进行招聘体系的完善。笔者认为，H公司在战略导向的招聘体系的构建中，可以将"职业—人"匹配理论应用其中，在招聘人才之前就对公司所需人才的岗位任职资格、所需技能等进行详细的描述，让求职者能够根据详细的职位需求以及岗位说明选择适合自己的职位，初步形成职业与人才之间的匹配，如此能够为H公司的人才招聘节省时间成本，另一方面也能够提高人才与公司的匹配度。为了实现人才招聘与公司战略之间的匹配，H公司可以从下面几个方面入手。

1. 做好招聘战略布局，实现与公司发展战略的匹配

在招聘时，H公司应该根据人力资源规划的供给以及需求情况，来对现有的人力资源数量进行统计，并根据各个部门的业务发展计划以及岗位空缺情况，进行人才需求统计，建立人才储备机制，并制订人力资源需求计划，通过人才结构的不断优化以及人才素质的提升来实现招聘的目的。如果公司在进行招聘的过程中遇到过多的问题，则可以通过第三方专业服务机构来招聘一些关键性岗位需要的人才，以提高人才招聘的效率。

2. 规范人才招聘操作流程

以战略为导向的人才招聘主要是为了通过招聘来获取与公司的发展相匹配的员工，以此来满足公司发展的需求。在以战略为导向的人力资源招聘中，规范人才招聘的操作流程有着一定的意义。具体而言，笔者认为H公司应该按照如图8-2所示流程进行人才招聘。

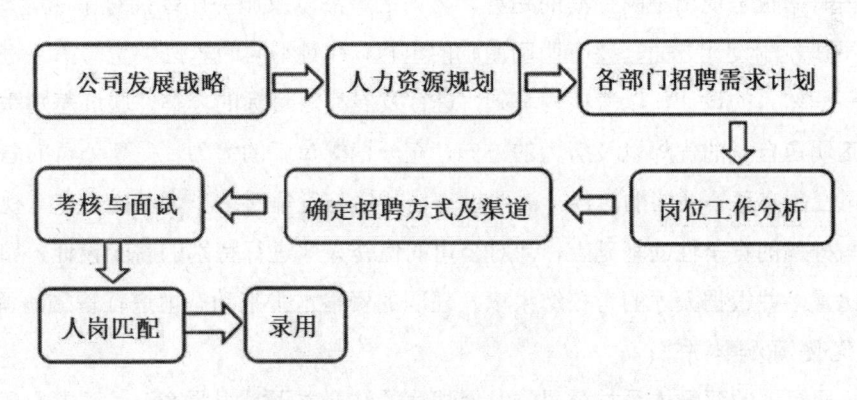

公司发展战略 → 人力资源规划 → 各部门招聘需求计划 → 岗位工作分析 → 确定招聘方式及渠道 → 考核与面试 → 人岗匹配 → 录用

图8-2 H公司战略导向的人才招聘流程

3. 重视对员工工作的分析，进一步规范岗位管理

以战略为导向的人才招聘在实施的过程中的最终目的就是为企业的人力资源管理打好头阵，因此为了能够使得人才招聘更加有效，就需要实现员工与岗位的高度匹配，而为了实现这个目标，就需要重视对员工工作的分析，因为工作分析是整个人才招聘的

关键性环节。H公司对工作分析的忽视使得人力资源管理工作出现了标准不一的情况。因此，在战略导向的人力资源管理体系构建的过程中，H公司需要重视对员工工作的分析，并对岗位管理进一步进行规范，需要将岗位的设置与公司的整个业务战略以及任务的目标分解、落实到员工，根据岗位工作的需要采取不同的人才招聘方式，即内外部选拔，以此来做好人与岗位的匹配。

（三）薪酬体系的构建

H公司在近些年获得了很大的发展，人才队伍的结构也发生了较大的变化，人才对于薪酬有着不同的需求。所以，目前H公司的薪酬体系已经不能够很好地支撑公司的未来发展，因此在战略导向的人力资源管理体系的构建中，以战略为导向进行薪酬体系的重新构建有着很强的必要性。

1.制定薪酬战略

薪酬战略的制定是使薪酬体系与公司发展战略相匹配的第一步，也是确保公司的薪酬体系能够有效支撑公司的竞争战略的关键。H公司目前处于快速成长期，在这个阶段公司所实施的是"规模+品牌"的发展战略，同时这个阶段公司的产品销量上涨幅度大，市场的占有率也呈现出不断提高的趋势，公司的产品以及服务已经拥有了品牌知名度。所以公司在薪酬设计方面需要有明确激励的重点，针对不同的职位类型与员工进行分层分类的薪酬体系的设计，以考核为基础，进行发展战略目标的分解，通过差别激励方法来让员工明白自身的优势以及努力的方向，充分挖掘员工的潜力，提高公司的总体竞争力。公司在制定薪酬战略的时候，需要以市场行情与竞争对手作为基础，在重视内部的公平性与外部的竞争性的基础上，针对公司的优秀人才进行特别的薪酬设计，加大业绩工资的比重，并根据人才的考核结果以及任职的资格水平来动态地进行薪酬的调整。

2.优化薪酬体系

H公司目前的薪酬体系与公司的发展战略的结合并不是很紧密，人工成本高居不下，但无法充分发挥应有的功效。员工的晋升空间过小，薪酬激励效果不明显，很多员工不愿意在工作中花费时间与精力。针对上述问题，H公司在解决问题的过程中需要将战略融入薪酬体系设计之中，强化薪酬的激励作用，并按照分层的原则，根据不同的岗位进行区别性的对待，可以将岗位、员工绩效、员工能力等作为指标构建不同的晋升渠道，并设置不同的工资差别，强化激励的作用。所以H公司可以对公司内各种类型的人才的价值进行重新评价，构建完善的薪酬体系，体现薪酬的战略意义。

3.制定薪酬标准

在薪酬体系的构建中，为了实现薪酬体系与公司发展战略的匹配，H公司应该实施科学有效的薪酬管理策略，以体现出公司薪酬制度的公平和高效。因此，H公司应该设置以岗位价值为基础的薪酬标准。一方面，H公司可以根据实际运营情况与人才需求情况来进行岗位的设置，编制详细可行的岗位说明书，对每项工作进行细化。另一方面，H公司需要对岗位价值进行科学评估，根据岗位的不同来确定岗位评估价值要素。比如，公司管理岗位的价值需要根据具体业务规模的大小、所管理员工数量的多少、产品与服务的多元化水平等来进行确定。通过对每个岗位价值的评估，H公司可以确定员工对公司的贡献度，实现人职匹配，充分发挥薪酬体系的激励性作用，为公司战略目标的实现提供支持。

（四）绩效管理体系的构建

H公司在战略导向的人力资源管理体系的构建之中，需要对原有的绩效管理体系进行重新构建。具体而言，H公司在绩效管理体系的构建中需要将公司的发展战略目标分解并细化到各个不同的机构、部门甚至是员工，围绕绩效目标，对上述对象绩效目标的完成情况进行检查与科学评价，有效激励员工，促进公司整体发展战略的有效实施。

1.以确定战略目标为基础引入关键绩效指标

H公司在绩效管理体系的构建中，需要对公司的战略目标与员工的绩效进行整合性处理，引入以关键指标为基础的平衡计分卡，将公司的战略目标进行层次分解，细化到每个岗位，然后以绩效考核为依据进行激励，以促进公司总体战略目标的实现。

在关键绩效指标的确定中，H公司首先要确定公司的业务重点以及战略目标，在这个过程中需要根据实际的经营情况，以财务、市场与客户、内部流程、学习与成长四个绩效管理要素来确定业务重点。从财务重点来看，H公司本身是以盈利为目的的，所实施的经营管理活动都是为了实现利润的最大化，所以成长能力与盈利能力应该是公司追求的核心指标与业务重点，同时H公司还需要对管理费用成本进行控制。公司想要有效地吸引新客户，维持老客户，占据一定的市场，就必须在品牌形象以及顾客的满意度方面下功夫，根据客户的实际需求为其量身打造合适的服务项目，并提供优质的服务。所以，在关键绩效指标选取中，H公司应当将顾客满意以及市场领先纳入整个体系之中。从内部流程来看，创新能力是关键，各个工程项目的质量、安全控制是重点。从学习与成长方面来看，H公司应该提高员工的整体学习能力，通过对一般员工、管理人员等的培训来提升公司资质水平以及行业水平。H 公司要以上述四个要素为基础,对业务重点进行细化处理,以形成关键性指标体系。

在绩效管理体系的构建之中,除了确定公司的关键绩效指标,H 公司还需要以战略目标为基础,确定各个部门的关键绩效指标(KPI)。这里选择销售收入这个具体的关键指标来对部门的绩效指标进行分解、确定,具体如图 8-3 所示。

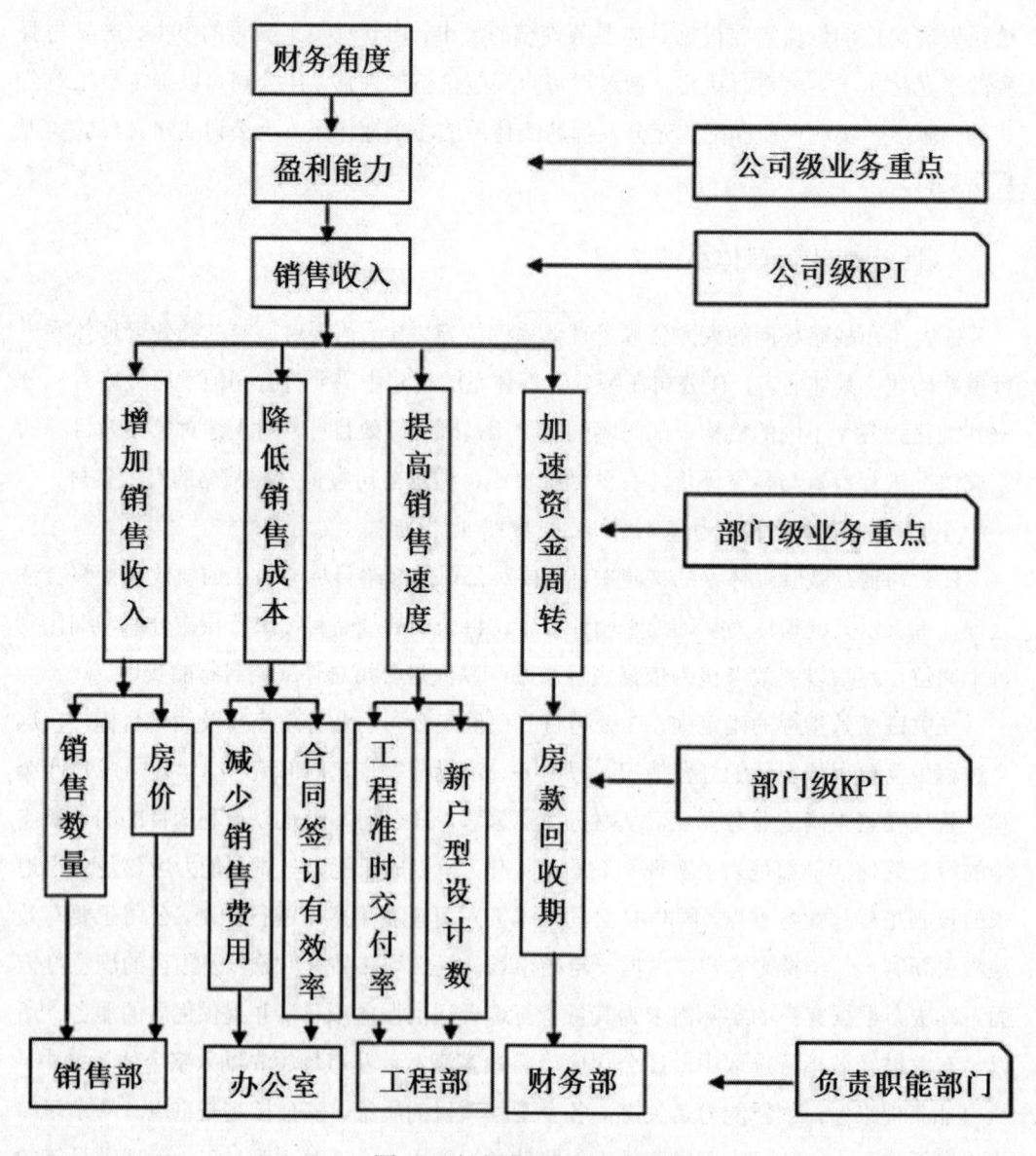

图 8-3 部门级别关键绩效指标

在确定部门级别的关键绩效指标之后，H公司还需要对岗位层面的绩效指标进行确定，而到了岗位层面，绩效指标已经很少，需要以平衡计分卡为基础，结合四个绩效管理要素，将其相互作用及关系作为核心。

2.以战略为导向完善绩效管理流程

绩效管理流程的完善是十分重要的。H公司的绩效管理流程需要包括绩效计划、绩效实施、绩效评价、绩效反馈，以及绩效考核结果应用这五个主要的环节。具体如图8-4所示。

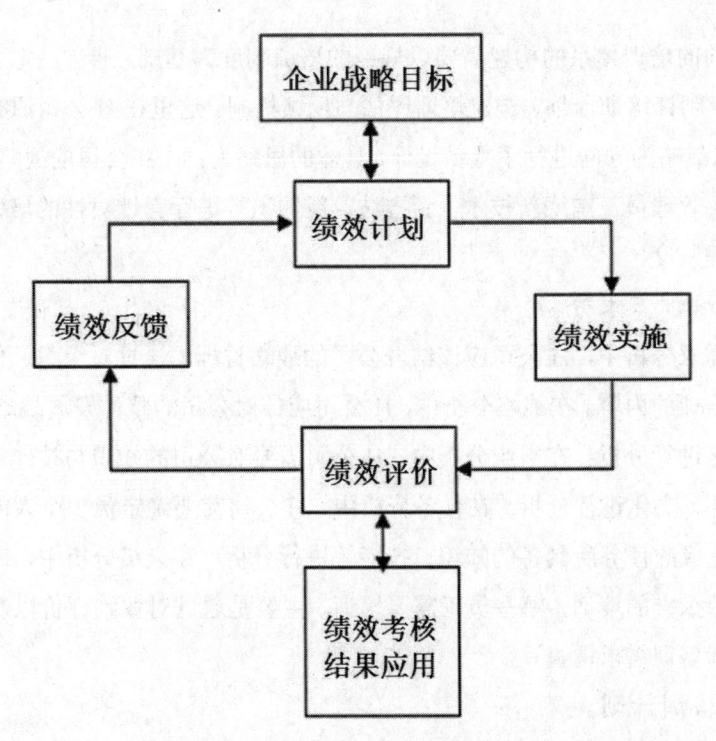

图8-4 H公司绩效管理流程

对于在绩效管理中存在的各种问题，H公司可以以公司的发展战略目标为基础，通过上述五个环节来促进公司更好地发展。

3.以战略导向的绩效管理实施保障

H公司需要对绩效管理的实施进行保障。这里主要从绩效管理组织和责任机构保障、制度保障以及文化保障三个方面进行论述。从绩效管理组织与责任机构保障方面来看，H公司应该成立由中高层领导者构成的绩效管理领导小组，以部门为单位组成负责部门绩效管理的绩效小组，将人力资源管理部门作为绩效管理的执行部门，来全面实施绩效管理体系。从制度保障方面来看，H公司针对绩效管理应该进行制度以及实施细则的设定，对薪酬福利、培训学习、薪酬调整、职位升降、岗位调配等制度进行规定。从文化保障方面来看，H公司应该着重建立优秀的公司文化，以形成良性的竞争氛围、赏罚分明的体制、公平的考核氛围等，来积极营造公司的文化氛围，从而充分发挥绩效管理的作用。

（五）培训体系的构建

战略导向的培训体系的构建需要以规范的培训制度为基础，通过确定公司战略来分析培训需求、制订培训计划、构建培训评估与反馈机制。这里在H公司原有的培训体系的基础上，以战略为导向进行了重新设计，具体的思路为：以H公司的战略目标为导向，对技术员工、管理员工围绕新技术、新方法、新知识等进行有针对性的培训，建立起完善的培训管理制度。

1.做好培训需求分析

在培训需求分析中，H公司应该结合公司的战略目标，通过对组织、任务、人员的分析来确定培训的内容。在战略分析中，H公司应该对公司的整体发展战略、竞争战略、人力资源战略进行分析；在组织分析中，H公司需要对公司的知识与技能需求、工作责任、岗位条件、文化进行分析；在任务分析中，H公司需要确定员工个人的业绩评价指标，对需要完成的任务所具备的知识、技能等进行分析；在人员分析中，H公司需要分析员工需要什么样的培训，哪些员工需要培训，主要是通过对业绩评价以及关键事件等的分析来进行培训需求调查。

2.制订培训计划

在做完培训需求分析之后，H公司需要以公司的战略为主导来进行整体培训计划的制定。H公司要以公司的实际情况为基础，根据专业评估来对员工的培训目标、具体涉及的培训内容、培训的方式进行确定，制定出公司员工的年度培训计划，并对培训中表现优秀的员工给予奖励，以达到激励的效果。

3.构建培训评估与反馈机制

在评估与反馈机制的构建中，H公司既需要对公司整体的培训体系进行评估以及反馈，又需要对员工个人的培训进行评估与反馈。具体的培训评估过程如图8-5所示。

H公司在员工培训的过程中需要在确定培训需求的基础上,制定评估方案,并且对培训的形式、资源、时间以及内容等进行确定,确保整个培训过程有效。

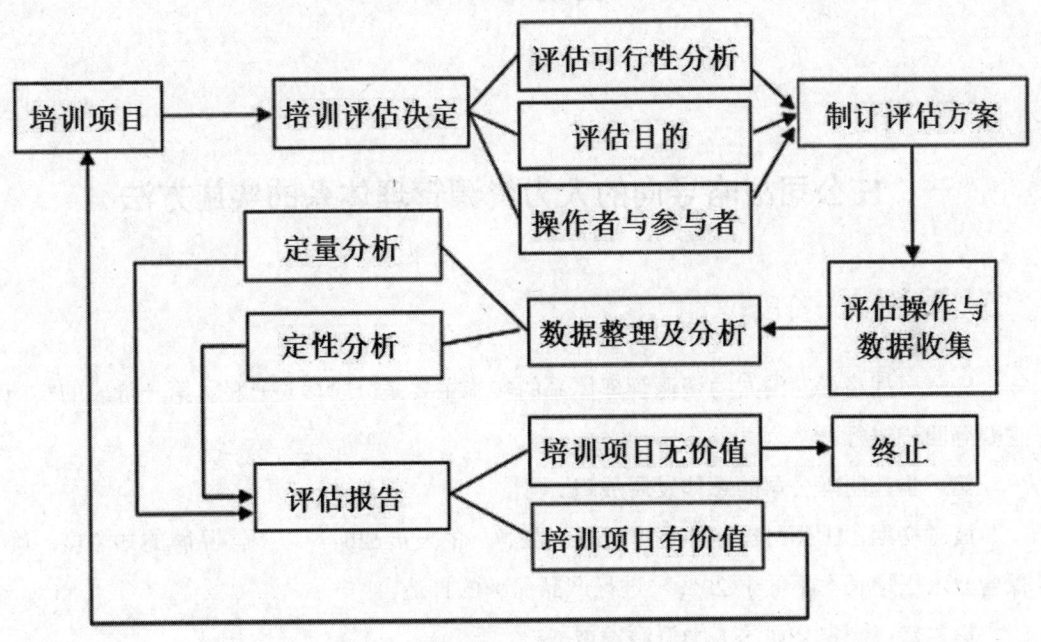

图8-5 H公司员工培训评估过程

第三节　H 公司战略导向的人力资源管理体系的实施与保障

一、H 公司战略导向的人力资源管理体系的实施方法

（一）第一阶段

H 公司战略导向的人力资源管理体系的实施主要是分阶段进行的。第一阶段的实施主要分四步进行。

第一步：明确公司的总体发展战略。

成立初期，H 公司实施的是"规模＋品牌"的发展战略，以提高品牌的知名度，确保营业水平增长率不低于 20%，进行产品品牌的打造。

第二步：制定公司的人力资源发展战略。

H 公司需要构建以战略为导向的人力资源管理体系，重点培养行业顶尖人才，确保人才的与时俱进。战略性人力资源管理体系的建立使得人力资源效能大幅度提高。H 公司还需建立以岗位、绩效、能力为核心的薪酬体系，确保薪酬的内部公平性与外部竞争性。

第三步：制定战略导向的人力资源规划。

H 公司要通过人力资源供求的分析，来制定公司的人力资源规划，确定人力资源规划的举措，即资源的调整、员工的接替与晋升等。

第四步：进行战略导向的职位体系的设计与开发。

H 公司应该以精简高效为原则确定结构体系，从组织结构、业务流程以及职业发展三个方面出发，设计出合理的职位体系，然后以科学的岗位分析为基础，实现人与岗位的匹配。

（二）第二阶段

第二阶段包括三个步骤，具体如下。

第一步：进行战略导向组织能力发展体系的构建。

对于战略导向的人力资源管理来说，核心在于打造符合战略要求的人才队伍，以此来实现人力资本的增值。因此，H公司首先要进行战略导向组织能力体系的构建。在构建中，H公司需要对影响公司发展的一些关键能力指标进行提取。

第二步：战略性绩效管理体系的构建。

在关键能力指标提取之后，H公司需要构建起战略性的绩效管理体系，以战略为导向进行公司绩效产出的诊断，这个诊断是以所构建的关键绩效指标体系为基础的，通过对公司绩效的管理、监控、优化来促进战略的实现。

第三步：进行战略导向的胜任能力素质模型的构建。

H公司应该以战略为导向构建起胜任能力模型，根据公司的战略以及员工职位发展的需求来对不同岗位的素质能力范围进行确定，并对职位能力进行定义与描述，最终建立起能够培养以及应用核心能力的环境。

（三）第三阶段

第三阶段主要包括两个重要的步骤，具体如下。

第一步：构建全面薪酬激励体系。

酬体系是整个人力资源管理体系的核心，也是公司吸引、保留、激励人才的关键。笔者认为，H公司战略导向的薪酬管理体系应该从战略、制度以及技术三个方面来进行构建，主要是以岗位、能力以及绩效为核心，根据不同的职位设置薪酬体系，以确保薪酬的内部公平性与外部竞争性。

第二步：管理员工满意度。

员工满意度本身就是企业管理的"晴雨表"，员工满意与否也能反映公司人力资源管理是否合理。所以在H公司的战略导向的人力资源管理体系实施的过程中，还需要对员工的满意度进行测量，以此来确保人力资源管理的有效性。

二、H公司战略导向的人力资源管理体系的实施保障

任何体系的实施都需要依靠组织、人员以及相应机制作为实施的保障。在H公司的战略导向的人力资源管理体系的实施中，进行保障体系的构建有很强的必要性，是确保战略导向的人力资源管理体系顺利实施的关键。

（一）制度性保障

制度性保障是 H 公司战略导向的人力资源管理体系实施的基础性保障，因此 H 公司需要以战略导向的人力资源管理体系构建为基础，设计出一套与之匹配的制度体系。制度主要包括公司的人力资源管理总体制度、规划制度、招聘制度、薪酬制度、绩效制度、培训制度等，同时还需要制定反馈制度、风险防控制度等，来有效规避人力资源管理中存在着的各种风险，以确保战略导向人力资源管理体系的顺利实施。

（二）组织性保障

组织性保障是构建战略导向的人力资源管理体系的关键性保障。H 公司在战略导向的人力资源管理体系的构建过程中，需要公司上下协同，进行整体性的运作，将人力资源管理提升到战略的高度来实施，赋予人力资源部门参与制定以及实施体系的权力，以此来为战略导向的人力资源管理体系的构建营造良好的组织氛围，确保其顺利实施。

（三）支撑性保障

支撑性保障主要包括人员的保障及能力的保障两个主要方面。战略导向的人力资源管理体系的构建需要拥有专业能力的人力资源管理人员来实施，因为战略导向的人力资源管理不仅需要相关人员制定并且执行人力资源管理战略，还需要其具备实施的专业能力，以确保各项工作运作的顺利。同时，在战略导向的人力资源管理体系实施的过程中，相关人员需要具备人力资源管理能力、企业经营管理能力、企业变革能力，这些能力的综合应用能够促使战略导向的人力资源管理体系的顺利运行，也能促使人力资源管理的各个模块相互发挥作用。

参 考 文 献

[1]徐颜. 心理学在人力资源管理工作中的应用探析[J]. 经营管理者·中旬刊, 2016, 11:17-20.

[2]李京华. 影响人力资源管理培训效果的因素分析[J]. 现代工业经济和信息化, 2016, 6(21) : 112-113.

[3]徐凯. 人力资源管理在企业经营管理中的重要性[J]. 现代经济信息, 2016(21): 69.

[4]陈芳. 事业政工与人力资源管理工作问题研究[J]. 产业与科技论坛, 2016, 15（24）: 234-235.

[5]潘春梅. 人力资源管理中员工培训的重要性分析[J]. 科技展望, 2016, 26(34) : 290.

[6]黎华. 地勘单位人力资源管理现状、问题及对策研究[J]. 当代经济, 2016(33) : 100-101.

[7]李春梅. 如何使人力资源管理和财务管理实现双赢[J]. 企业改革与管理, 2016(21) : 148.

[8]杨浩, 戴明月. 企业核心专长论——战略重塑的全新方法[M]. 上海:上海财经大学出版社, 2000.

[9]吴长煜. 风险环境下的企业财务战略[M]. 沈阳:辽宁大学出版社, 2002.

[10]王华. 成本会计学[M]. 上海:上海交通大学出版社, 2012.

[11]赵有生. 现代企业管理（第二版）[M]. 北京:清华大学出版社, 2006.

[12]汤少梁. 现代企业管理[M]. 南京:南京大学出版社, 2007.

[13]周海娟. 现代企业管理[M]. 北京:中国发展出版社, 2011.

[14]张忠寿. 现代企业财务管理学[M]. 上海:立信会计出版社, 2013.

[15]王化成. 财务管理[M]. 北京:中国人民大学出版社, 2013.

[16]刘淑莲. 财务管理[M]. 大连:东北财经大学出版社, 2013.

[17]傅元略. 中级财务管理[M]. 上海:复旦大学出版社, 2007.

[18]刘益. 战略管理工具与应用[M]. 北京:清华大学出版社, 2010.

[19]刘宝宏. 企业战略管理[M]. 大连:东北财经大学出版社, 2009.